24.-

BUDDELSCHIFFE

DONALD HUBBARD

BUDDEL SCHIFFE

WIE MACHT MAN SIE

VERLAG DELIUS KLASING & CO BIELEFELD

Titel der englischen
Originalausgabe:
SHIPS-IN-BOTTLES
Erstausgabe 1971
© 1971 by McGraw-Hill Book Company

übersetzt und bearbeitet von Joachim Kaiser

ISBN 3-7688-0168-3

Alle Rechte für die
deutsche Ausgabe liegen beim
Verlag Delius, Klasing & Co Bielefeld
Printed in Germany 1974
Druck: Meyer & Beckmann
Halle (Westf.)

Meinem Vater Ernest F. Hubbard gewidmet,
dessen Wißbegierde und Interesse an allen Dingen
mich zu dem Versuch gebracht haben,
mein erstes Buddelschiff zu bauen.

INHALT

VORWORT ZUR DEUTSCHEN ERSTAUSGABE

Schiffskunst hatte zu allen Zeiten ihren Liebhaber-
kreis, in den letzten Jahren aber hat das Interesse an den
naiven Kunstwerken der Seeleute, an ihren Zierarbeiten
und besonders an des Seemanns liebstem Kind, dem
Buddelschiff, sehr stark zugenommen. Diesem Interesse
trägt das vorliegende Buch Rechnung, denn es richtet
sich nicht nur an passionierte Modellbauer und künst-
lerische Dilettanten, sondern bietet auch dem einfach
nur Interessierten, dem Neugierigen, unterhaltenden
Lesestoff. Donald Hubbard, der Autor dieses Buches,
lüftet in anregender Weise die vielen kleinen Geheim-
nisse, von denen die winzigen Schiffe in ihren Flaschen
umgeben sind, und manch einer, der dieses Buch nur aus
unverbindlichem Interesse aufgeschlagen hat, wird
noch während des Lesens den Entschluß fassen, selbst so
ein kleines Schiff auf Stapel zu legen. Die ausführlichen
Beschreibungen der Werkzeuge und Arbeitstechniken
und die umfassende Anleitung zum Zeichnen eigener
Entwürfe ebnen diesem Vorsatz den Weg.

Für die deutsche Ausgabe des Buches war es notwendig, das Kapitel über Werkzeuge und Werkstoffe zu
erweitern, weil deren Beschaffung hierzulande schwieriger ist und manche der besprochenen Geräte und

Werkstoffe bei uns weniger bekannt sind. Um dem Leser, der noch andere Modelle bauen will als die hier vorgestellten, genügend Quellenhinweise zu geben und Möglichkeiten aufzuzeigen, wurden die wichtigsten Schifffahrtsmuseen in Deutschland und Europa aufgeführt, wurde das Kapitel über den eigenen Entwurf um einige Quellenhinweise ergänzt, und an den Schluß wurden etliche Abbildungen, jeweils mit kurzer Besprechung, gestellt, die dem inzwischen schon geübten Modellbauer eine Hilfe bei der Suche nach anderen Bauvorlagen sein werden.

Die Techniken aber, die Hubbard beschreibt, mit denen er vor den Augen des Lesers aus ungefügen Materialien ein zierliches Schiffsmodell entstehen läßt, es in die wohlpräparierte Flasche setzt und aus alledem ein kleines Kunstwerk macht, diese Techniken waren bei allen Seefahrern gleich – die Kunst des Flaschenschiffbaus war zu allen Zeiten international. Die Lektüre dieses Buches macht es möglich, die Kunst auch dann auszuüben, wenn man nicht von der Küste stammt oder ein Leben lang auf großen Segelschiffen gefahren ist.

Zollenspieker, Mai 1973   Joachim Kaiser

EINFÜHRUNG

Die Kunstfertigkeit des Buddelschiffbaus entstand Anfang des 19. Jahrhunderts auf den Vordecks der großen Segelschiffe. In einer Zeit, in der sich Seereisen über Monate und Jahre erstreckten und man für die Abwechslung an Bord selbst sorgen mußte, beschäftigten sich die Matrosen, die gerade keine Wache hatten, häufig mit der Herstellung naiver nautischer Kunstgegenstände aus allen erdenklichen Rohmaterialien, die in greifbarer Nähe vorzufinden waren. Auf Walfängerschiffen boten sich als naheliegendster Werkstoff die Zähne und Knochen der Walfische und Walrösser an, welche die Fangschiff-Matrosen in vielerlei nützliche wie schöne Dinge zu verwandeln wußten. Diese Fertigkeit war allgemein unter dem Namen Elfenbeinschnitzerei bekannt. Man benutzte auch andere Materialien, zum Beispiel Holz, Tauwerk und dünne Garne, um daraus ebenso viele interessante wie dekorative Dinge herzustellen. Es ist also überhaupt nicht überraschend, daß dann eine leere Flasche die Phantasie eines längst vergessenen Seemanns in ganz besonderer Weise angeregt hat; seinem Ideenreichtum ist die Entstehung jener Kunst zu verdanken, die in diesem Buch beschrieben wird: Miniaturschiffe zu bauen.

Wo auch immer der Ursprung zu suchen ist – die Kunstfertigkeit, Schiffe in Flaschen hineinzubasteln, war Seeleuten aller großen seefahrenden Nationen bestens bekannt. Zeugnisse ihrer Arbeiten sind in nautischen Museen in ganz Europa und an beiden Küsten der USA zu finden. Es gibt sogar reine Buddelschiff-Museen, zum Beispiel in Neuharlingersiel, Ostfriesland, und in Aerösköbing auf der Insel Aerö, Dänemark. Viele große Schiffahrtsmuseen haben Flaschenschiffe in ihren Sammlungen, zum Beispiel das Bremerhavener Schiffahrtsmuseum, das Städtische Museum in Flensburg und das Schiffahrtsmuseum Brake. Von den ausländischen Museen sind vor allem das Seefahrtsmuseum Schloß Kronborg in Helsingör, Dänemark, das Nationale Schiffahrtsmuseum Antwerpen, Belgien, das Seefahrtsmuseum in Barcelona, Spanien, das Museum von St. Malo, Frankreich, das National Maritim Museum in Greenwich, England, und das Sandefjord Seefahrtsmuseum in Norwegen zu nennen. Weiterhin bestehen in vielen norddeutschen Küstenstädten Heimatmuseen und Privatsammlungen, in denen man sehr häufig schöne Flaschenschiffe findet. Obwohl die Kunst weithin verbreitet war, sind leider gute, frühe Beispiele dieser Flaschenschiffbaukunst im Handel sehr selten geworden. Sogar bekannte nautische Kunsthändler haben in den seltensten Fällen diese Schiffe vorrätig, und wenn es doch der Fall sein sollte, dann ist der geforderte Preis gleich unerschwinglich hoch. Dieser Umstand ist sehr bedauerlich, denn es gibt nur wenige seemännische Zierarbeiten, die so sehr die ganze Atmosphäre der Seefahrt vor dem geistigen Auge lebendig werden lassen wie gerade solch ein Flaschenschiff. Selbst grob gefertigte Modelle vermitteln einen lebhaften Eindruck von der großen Zeit der Seefahrt; mit bewundernswerter Sorgfalt gebaut, sind manche von ihnen ein kleines Kunstwerk für sich.

Für denjenigen, der nun gern ein Flaschenschiff besitzen möchte, ist der billigste und zugleich interessanteste Weg dahin der Bau eines solchen in Eigenarbeit.

Mit dem Material, das man heutzutage in Bastlerläden kaufen kann, ist es auch einem Anfänger möglich, ein wahrhaft schönes Modell zu bauen. Und hat man erst einmal die nötige Erfahrung, dann sind keinem Bauvorhaben mehr Grenzen gesetzt, auch wenn es sich um komplizierteste Schiffstypen mit dem ausgefallensten Aussehen handelt.

Falls Sie es noch nicht wissen sollten – das Geheimnis dieser kleinen Schiffe besteht darin, daß sie außerhalb der Flasche bis ins kleinste Detail fertiggebaut werden, jedoch mit klappbarem Mast und beweglichen Spieren. Das Schiff wird mit gelegtem Mast in die Flasche gesetzt, wobei man die Spieren parallel zur Längsachse des Rumpfes dreht. Ist das Schiff erst einmal auf seinem vorbestimmten Platz in der Flasche, so wird an den Vor- und Achterleinen (Verlängerungen der Stage, Stützseile, welche vom Masttopp durch das Bugspriet aus dem Flaschenhals herausführen) gezogen, um die Masten aufzurichten. Spieren und Segel werden mit Hilfe eines langen Stabes durch den Flaschenhals in die richtige Stellung gerückt, damit alles ein äußerst echtes Aussehen erhält; als Abschluß wird der Flaschenhals versiegelt. Bei diesem Verfahren ergeben sich keine Schwierigkeiten, es sei denn die Notwendigkeit, Modelle in sehr kleinem Maßstab bauen zu müssen. Jedoch auch diese Schwierigkeit läßt sich meistern, wenn man sich auf dem Werkstand ein Vergrößerungsglas anbringt und außerdem seine Arbeit nicht zu hastig verrichtet. Mit Sicherheit benötigt man aber keine allzu zarten Finger und Hände, denn sonst hätte nie ein salzhäutiger Matrose vor dem Mast je ein solches Schiff zusammensetzen können.

Es werden in den folgenden Abschnitten die Techniken eines echten Seemannshobby beschrieben, zu dem man nichts weiter braucht als genügend Zeit. Aber es ist dies ein Hobby, das reichlich belohnt durch die innere Zufriedenheit, etwas geschaffen zu haben und eine besondere Tradition aus der Segelschiffszeit fortzuführen.

SEEMÄNNISCHE FACHAUSDRÜCKE

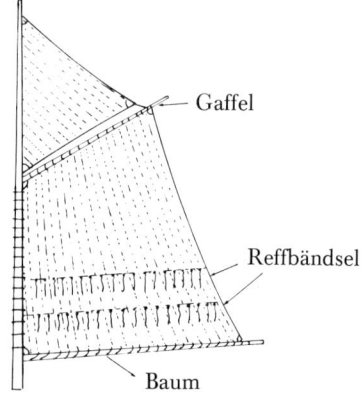

Baum, Gaffel, Reffbändsel

Weil das Thema dieses Buches es notwendig macht, die richtigen seemännischen Begriffe für die verschiedenartigen Gegenstände in der kleinen Welt der Flasche zu gebrauchen, erscheint es ratsam, gleich an den Anfang des Buches ein kleines seemännisches Wörterbuch zu stellen. Wer ein alter Seebär ist, kann diese Lektion ruhig überschlagen; wem aber der Sinn mancher dieser Ausdrücke nicht gegenwärtig ist, der wird die kurze Erklärung der notwendigen Fachausdrücke sehr begrüßen.

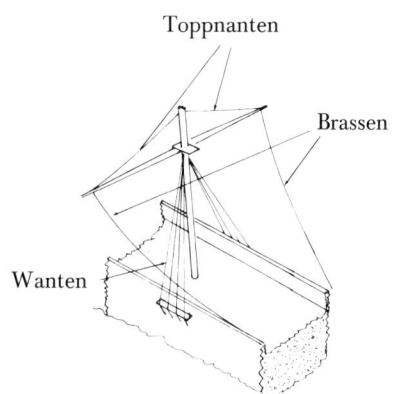

Brassen, Toppnanten, Wanten

Achtern	Beim Heck, im oder nahe dem Heck des Schiffes.
Back	Schiffsräume vor dem Fockmast, in denen die Matrosen ihr Quartier haben.
Backbord	Von achtern gesehen die linke Seite eines Schiffes; alle Gegenstände links von der Schiffsmitte.
Baum	Rundholz an der unteren Kante eines Segels in Längsschiffsrichtung (Fockbaum, Großbaum, Besanbaum).

Besan	Segel am Heck eines Schiffes mit mehreren Masten, dessen hinterster Mast (Besanmast) kleiner als die vorderen ist.
Brassen	Die Taue, mit denen auf einem rahgetakelten Schiff die Rahen in der Waagerechten bewegt und verankert werden.
Bug	Vorderes Ende des Schiffes.
Bugspriet	Starkes Rundholz, das über den Bug eines Schiffes hinausragt, an dem weitere Vorsegel gesetzt werden können.
Davit	Galgenähnlicher Kran, mit dem Rettungs- oder Beiboote an Deck und zu Wasser gebracht werden können.
Deckssprung	Von der Seite her gesehen Ansteigen der Deckshöhe nach vorn und achtern hin.
Gaffel	Rundholz entlang der oberen Kante eines Gaffelsegels (viereckiges Segel in Längsschiffsrichtung).
Galion	Knieholz vorm Vorsteven zur Stützung des Bugspriets; meist verziert (Galionsfigur).
Heck	Der rückwärtige Teil eines Schiffes.

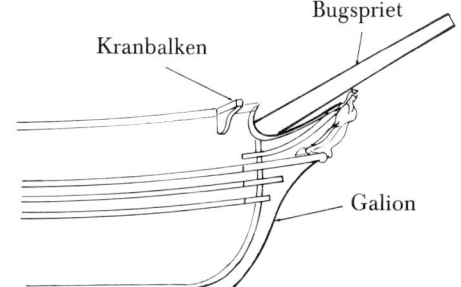

Bugspriet, Galion, Kranbalken

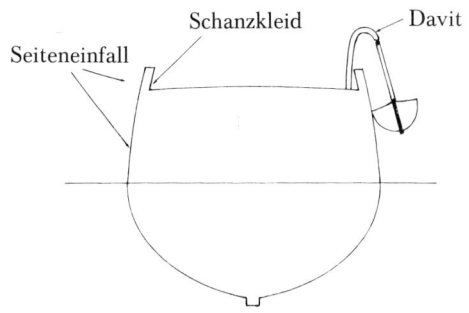

Schanzkleid, Davit, Seiteneinfall

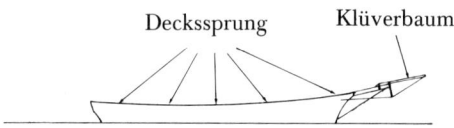

Klüverbaum, Decksprung

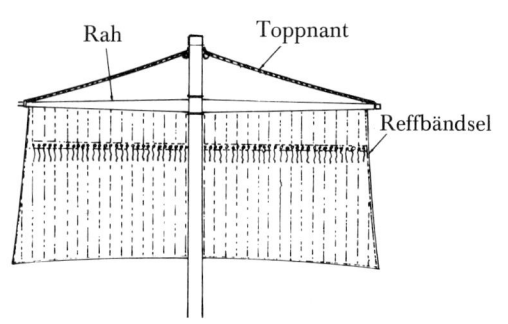

Rah, Toppnant, Reffbändsel

Klüverbaum	Rundholz, welches die Fortsetzung des Bugspriets bildet (in diesem Buch schließt Bugspriet den Klüverbaum ein).
Kranbalken	Balken am Bug des Schiffes, der den Anker beim Hieven vom Schiffskörper freihält.
Poller	Ein Pfosten auf Deck, an dem vorwiegend Festmachetampen befestigt werden.
Querab	Auf einer Linie rechtwinklig zum Kiel des Schiffes.
Rah, Rahen	Quer vorm Mast aufgehängte Rundhölzer, an denen die Rahsegel angeschlagen sind.
Reffbändsel	Kurze Stücke dünnen Tauwerks am Segel zum Verkleinern der Segelfläche. Mit den Reffbändseln wird ein Teil des Segels zusammengebunden (gerefft), um die Wind-Angriffsfläche zu verringern.
Relingsstütze	Pfosten, die an freiliegenden Decks die Reling stützen.
Rigg	Gesamtheit aller Vorrichtungen, die zum Halten und Bedienen der Segel er-

forderlich sind, also Masten, Spieren, Rahen; auch Wanten und Stage.

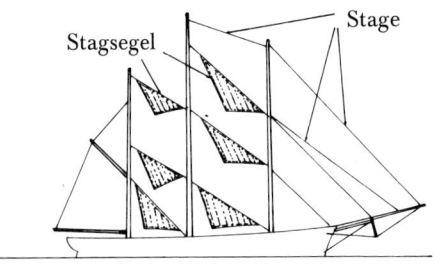

Stage, Stagsegel

Schandeckel	Abschlußkante des Schanzkleids nach oben.
Schanzkleid	Seitliche Plankengänge, die oberhalb der Decksfläche eines Schiffes liegen.
Seiteneinfall	Im Querschnitt gesehen die Biegung der Schiffsseiten oberhalb der Wasserlinie nach innen.
Spieren	Alle starken Rundhölzer in der Takelage, zum Beispiel Mast, Baum, Gaffel, Rah.
Stag, Stage	Abstützung des Mastes nach vorn und achtern.
Stagsegel	Jedes Segel, welches an einem Stag gesetzt wird.
Steuerbord	Von achtern gesehen die rechte Seite eines Schiffes; alle Gegenstände rechts von der Schiffsmitte.
Toppnanten	Taue auf einem rahgetakelten Schiff, welche die Rahen rechtwinklig zum Mast halten.
Vorsteven	Die gesamte vordere Kante des Bugs.
Want, Wanten	Abstützung des Mastes nach der Seite hin.

WERKZEUGE
UND WERKSTOFFE

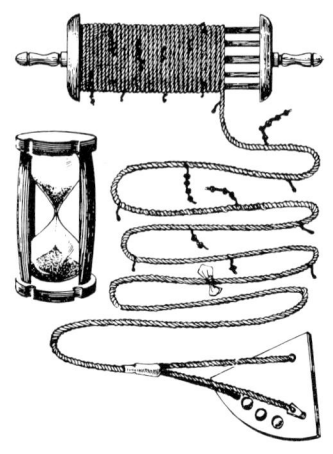

Einige der hier aufgeführten Dinge sind in den meisten Haushalten und Bastlerausrüstungen schon vorhanden. Was noch fehlt, kann man ohne Schwierigkeiten im örtlichen Eisenwarenhandel, in Bastlergeschäften oder im Kaufhaus erstehen. Die übrigen Hilfsmittel lassen sich in wenigen Minuten selbst anfertigen. Oft fallen einem während der Arbeit weitere Hilfsgeräte ein, die sogar noch besser zu gebrauchen sind als die hier erwähnten Werkzeuge.

Grundausrüstung

Klare Glasflasche (siehe Kapitel 3)

Leinölkitt (Fensterkitt)

Holzstück für den Schiffsrumpf; Abmessungen ca. 8 x 3,5 x 2 cm (siehe Kapitel 4)

Eine Stange Dübelholz 3 mm oder eine Packung dünner runder Holzspießchen, wie sie für Cocktail-Happen, Rollmöpse oder Rouladen verwendet werden; Stärke zwischen 2 und 3 mm

Nylon-Nähgarn Nr. 60

Ein Fläschchen mit klarem Nagellack

Eine Tube Weißleim

Mehrere Bögen Sandpapier von 120er, 150er und 200er Körnung

Kleine Pinsel von unterschiedlicher Größe

Emaillelack in Weiß, Schwarz und anderen Farben, je nach Wunsch

Eine Auswahl von Künstlerölfarben – Preußisch-blau, Weiß und Grün, je nach Wunsch (siehe Kapitel 3)

Ein kleines Knäuel Garn, zum Beispiel Angelschnur aus gedrehten Naturfasern; 2 bis 3 mm Stärke

Eine kleine Stange roter Siegellack

Einige Bögen normales Schreibmaschinenpapier

Geräte, die besorgt werden müssen

Ein scharfes Schnitzmesser oder Federmesser zum Schnitzen des Rumpfes und für den allgemeinen Gebrauch

Eine (kleine) elektrische Bohrmaschine, um Masten und Rundhölzer auf die gewünschten Abmessungen zu bringen

Stiftkloben und kleine Spiralbohrer zum Bohren der feinen Löcher in Rumpf und Rundhölzer (siehe unten)

Lötkolben

Kleine Stücke von Konservendosen-Weißblech

Ein kleiner Schraubenzieher

Eine feingezahnte Säge oder ein feines Metallsäge-blatt

Ein kleiner Schraubstock

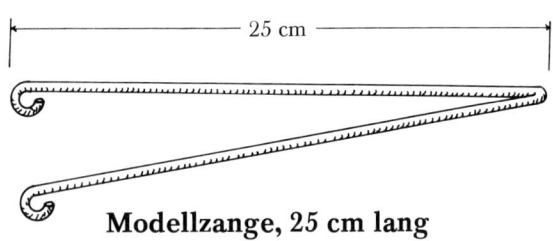

|— 25 cm —|

Modellzange, 25 cm lang

Die Beschaffung eines Stiftklobens und der erforderlichen feinen Bohrer ist häufig ein Problem. Stiftkloben, wie sie im Kapitel über den Bau des Riggs mehrfach abgebildet sind, kann man in gewöhnlichen Werkzeugläden nicht bekommen. Sie dienen zum Einspannen der feinen Spiralbohrer (0,4 bis 0,6 mm Durchmesser), die in das Bohrfutter normaler Bohrmaschinen nicht hineinpassen und im Gebrauch mit elektrischen Geräten viel zu leicht abbrechen. Ein nicht in jedem Falle gangbarer Weg ist es, wenn man eine Feinmechanikerwerkstatt aufsucht und sich dort um die Beschaffung eines Stiftklobens und mehrerer Bohrer bemüht. Es müssen schon sehr gute Werkzeugläden sein, die Spiralbohrer in den obenerwähnten Stärken führen, und wenn sie nicht am Lager sind, ist es meist schwierig, sie zu bestellen.

Für Löcher in den Masten, durch die nur ein Stag hindurchläuft, braucht man einen Bohrer von 0,4 mm, für Wantlöcher mit dreifacher Führung mindestens 0,5 mm und für Löcher mit vier- oder fünffacher Führung 0,6 mm oder mehr. Meist muß man schon froh sein, wenn man nur den Bohrer 0,5 auftreiben kann; mit ihm kann man sich auf jeden Fall behelfen.

Im Kapitel DAS RIGG wird beschrieben, wie man sich aus einer abgebrochenen feinen Nähnadel einen behelfsmäßigen Bohrer selbst herstellen kann, der zur Not auch seinen Zweck erfüllt.

Auch mit dem Stiftkloben kann man sich behelfen, sofern man nicht ein Bohrfutter oder eine biegsame Welle mit einem Bohrfutter hat, das so feine Bohrer spannen kann. Vom Dübelholz 3 mm schneidet man 10 cm glatt ab und macht am Ende zwei feine Schnitte

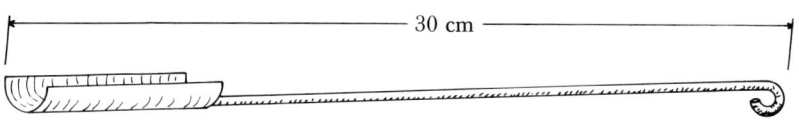

Kittlöffel

längs zur Faser, die senkrecht zueinander stehen. Die Schnitte sollten je 1 cm lang sein, man macht sie entweder mit einem Messer oder mit einem ganz feinen Sägeblatt; dabei muß man sehr darauf achten, daß der Schnitt genau parallel zur Holzoberfläche verläuft. In das entstandene Kreuz wird der Bohrerschaft gesteckt, den man vorher mit einem kleinen Stück Tesafilm überklebt hat, das nun aus einem der Einschnitte herausragt. Sitzt der Bohrer gut, so wird die ganze Spitze fest mit dünnem Draht oder Zwirnsfaden umwickelt, und der Bohrer sitzt ebenso sicher und fest wie in einem richtigen Stiftkloben.

Geräte, die angefertigt werden müssen

Man fertigt folgende Geräte aus den Teilen eines Metall-Kleiderbügels bzw. aus Draht von gleicher Stärke und aus kleinen Teilen einer Konservendose an:

Modellzange von 25 cm Länge. Mit Hilfe dieses Gerätes wird das Schiff unter genauer Kontrolle in die Flasche hineingesetzt. Die Spitzen der Zange umwickelt man mit Klebeband, damit das kleine Schiff nicht beschädigt wird.

Kittlöffel. Diesen Löffel braucht man, um das „Meer" in die Flasche hineinzubringen. Zur Herstellung schneidet man ein Stückchen Metall aus einer gewöhnlichen Konservendose heraus, ungefähr 6 x 2 cm groß. Dieses Blechstück wird so gebogen, daß es durch den Flaschenhals hindurchpaßt; an einem Stiel aus Kleiderbügeldraht von 30 cm Länge wird es festgelötet.

21

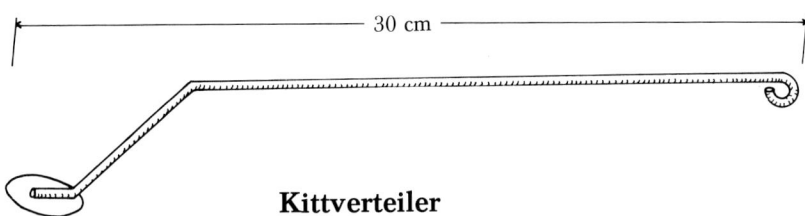

Kittverteiler

Kittverteiler. Der Kittverteiler wird benötigt, um das Kittmeer gleichmäßig im Innern der Flasche zu verteilen und um die Wellen zu gestalten. Ein Blechstück von der Größe eines Pfennigs wird dazu ebenfalls auf einen Stiel aus Bügeldraht gelötet. Dann muß der Stiel noch in die richtige Form gebogen werden, damit alle Innenflächen der Flasche mit diesem Gerät erreicht werden können.

Hilfsdraht. Wenn das Schiff erst einmal in der Flasche ist, benötigt man diesen Draht, um Schiff und Segel in die richtige Stellung bringen zu können. Man braucht dieses Universalwerkzeug auch noch für andere Sachen, zum Beispiel, um weiße Farbe auf die Wellenberge, auf das Kielwasser und auf die Bugwellen zu tupfen. Man biegt hierfür einfach ein Stück des Kleiderbügeldrahtes etwa 15 mm vorm Ende zu einem flachen Winkel.

Werkstand

Schließlich stellt man sich aus Abfallholz einen kleinen Werkstand her; nebenstehender Plan soll als Anleitung dienen. Dieser Stand erfüllt einen doppelten Zweck: Erstens liefert er eine solide Plattform zum Arbeiten in Augenhöhe, und zweitens bewahrt er das Modell davor, im Durcheinander des Arbeitstisches völlig unterzugehen. Um den Rumpf des Schiffes nicht aufzusplittern, müssen unbedingt sehr feine Schrauben zur Befestigung auf dem Stand genommen werden.

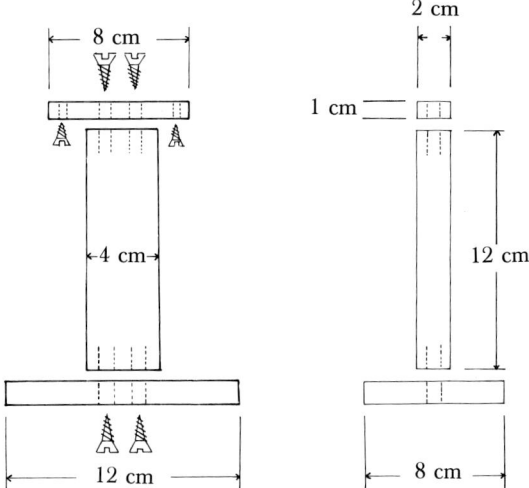

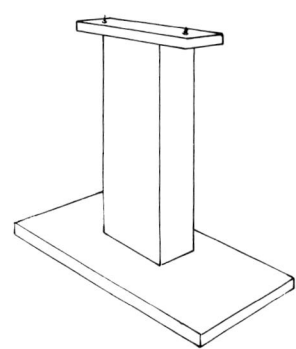

Plan für den Werkstand

DIE AUSWAHL
DES RICHTIGEN MODELLS

Ehe man überhaupt anfängt, entscheidet man sich zweckmäßigerweise zuerst für ein Schiffsmodell, das für den Bau in Frage kommt. Viele Faktoren können diese Entscheidung beeinflussen („Großvater segelte auf einem Viermaster"), ganz entscheidend aber ist das Vorhandensein guter Pläne oder brauchbarer Illustrationen. Vom Standpunkt des Anfängers aus gesehen sind die ausschlaggebenden Faktoren hierbei die Beschaffung von Plänen und die Schwierigkeiten, die sich beim Bau der Takelage ergeben können.

Durch Jahrhunderte hindurch sind zahllose verschiedenartige Schiffstypen und Takelungen entstanden, um den sich ständig verändernden Anforderungen und Bedingungen gerecht zu werden. Einige der bekanntesten dieser Art sind in Form von Silhouetten auf diesen Seiten abgebildet. Im allgemeinen gesehen ergeben sich

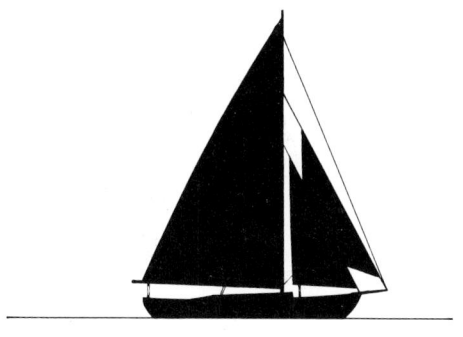

Slup

beim Bau von rahgetakelten Schiffen wie zum Beispiel
Barken und Brigantinen größere Probleme als beim Bau
von Schiffen nur mit Gaffelsegeln, wie zum Beispiel
Gaffelschoner. Die gleiche Überlegung sollte auch ange-
stellt werden, wenn man sich für die Zahl der Masten
entscheidet, denn je mehr Masten das Modell hat, desto
größer gestaltet sich das Problem als Ganzes.

Man sollte immer daran denken, daß sich die Schwierigkeiten nicht nur beim Bauen des Modells ergeben.
Sehr schwierige Takelungen setzen ein Höchstmaß an
Sorgfalt und Erfahrung voraus, wenn der große Moment
kommt, wo das Schiff in die Flasche hineingesetzt und
dort an Ort und Stelle verankert werden soll.

In diesem Buch werden am Modell eines Gloucester-
Schoners Schritt für Schritt die einzelnen Vorgänge
beim Bau eines Flaschenschiffes erklärt. Gloucester-
Schoner waren um die Jahrhundertwende als segelnde
Fischereifahrzeuge an der Ostküste der USA weit ver-

25

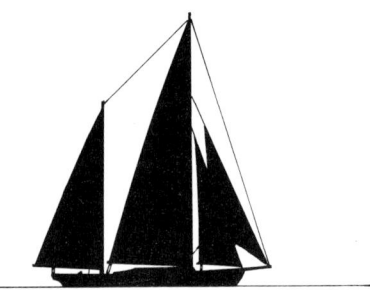

Ketsch

Dreimastiger Handelsschoner

Gaffelschoner

breitet. Der Bau eines Modells nach ihren Plänen erfordert alle grundlegenden Kenntnisse, die man für den Bau anderer und komplizierterer Miniaturschiffe auch benötigt, aber es handelt sich hierbei um einen so wenig schwierigen Entwurf, daß man in aller Ruhe jeden Schritt gründlich durchleuchten kann. Der Bau dieses Modells übersteigt bei weitem nicht die Fähigkeiten eines Anfängers in diesem Handwerk, und im fertigen Zustand sieht das Ganze wirklich schön aus, ob es nun ganz perfekt hergestellt worden ist oder nicht. Außerdem wird bei diesem Modell weniger Zeit für den Bau benötigt als bei den meisten anderen Schiffen, so daß der Anfänger die einzelnen Bauabschnitte schneller hinter sich bringt. Das macht das Lernen leichter, aber es ist auch wichtig für diejenigen, die für ihr Hobby nicht so viel Zeit zur Verfügung haben.

Hat man sich erst einmal für ein bestimmtes Modell entschieden, dann ist es Zeit, sich mit seinen Maßen zu

Bark

Brigantine

befassen, um eine dafür geeignete Flasche zu finden. Bis zu einem gewissen Grade stehen die Wahl des Modells und die Auswahl der Flasche in gegenseitiger Beziehung. Das heißt: Man hat vielleicht schon eine passende Flasche zur Hand, die man gern nehmen würde – dann muß die Wahl des Modells aus dieser Sicht heraus entschieden werden. Im anderen Fall hat man sich von vornherein fest für ein bestimmtes Modell entschieden, dessen Maßstab man möglicherweise später verändern muß, damit es in die Flasche paßt, die man erst hinterher aufgetrieben hat. In diesem Buch haben wir die Pläne für das Modell so berechnet, daß es in eine vierkantige Flasche mit gewöhnlichen Abmessungen paßt. Wenn man also das Modell des hier beschriebenen Gloucester-Schoners bauen möchte, so sollte man sich bei der Auswahl der Flasche ungefähr nach den Maßen richten, die im folgenden jeweiligen Abschnitt (Seiten 32 bis 41) angegeben sind.

Vollschiff

**Baupläne für den Gloucester-Schoner
Maßstab 1 : 1**

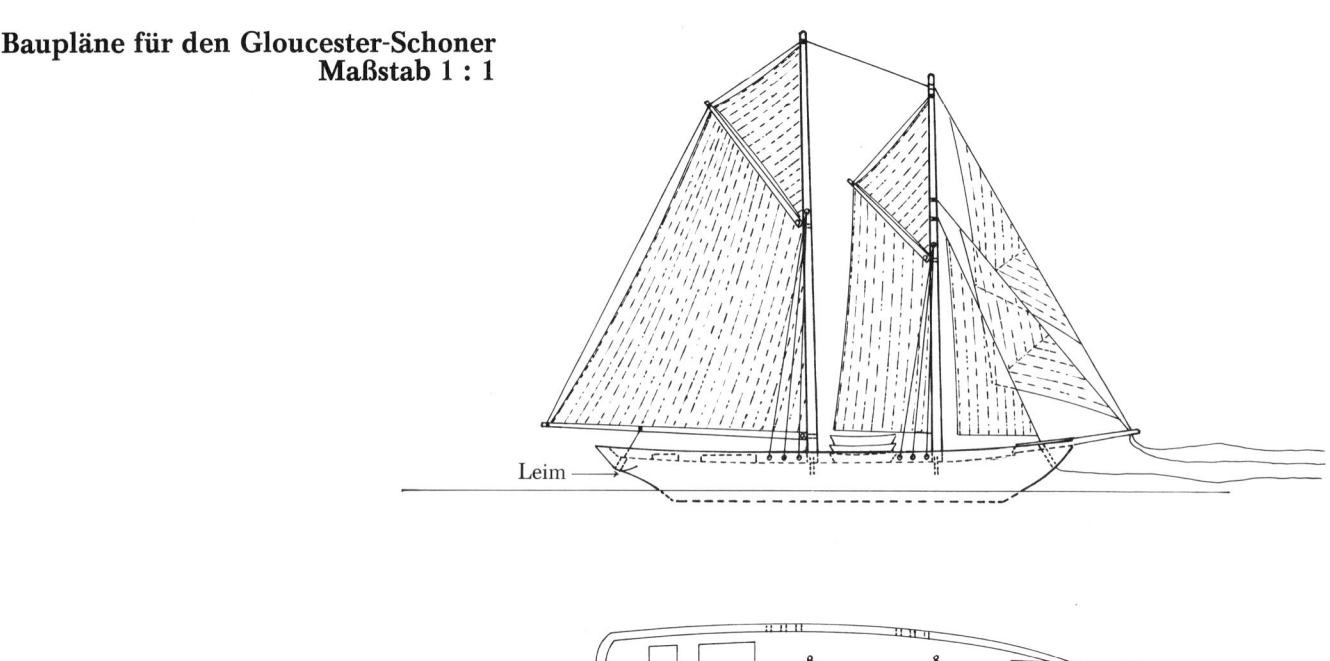

Leim

Aus der Geschichte der Gloucester-Schoner: Wegen seiner Nähe zu den fischreichen Neufundland-Bänken an der nordamerikanischen Ostküste wurde das Städtchen Gloucester im Bundesstaat Massachusetts, USA, in der Mitte des 19. Jahrhunderts zu einem bedeutenden Fischereihafen. Schiffe seiner Flotte fischten in den stürmischen Seegewässern, und wenn die Luken voll waren, gestaltete sich unter den Schonern ein hartes Seerennen zurück zum Hafen, um dort den besten Preis für den Fang zu erzielen. Unter diesen Anforderungen entwickelte sich der Gloucester-Schoner zu einem stark gebauten, schnellen und seetüchtigen kleinen Schiff. Ein Portrait der *„Bluenose",* eines kanadischen Schiffes gleicher Bauart, schmückt heute das kanadische Zehn-Cent-Stück, und den Schoner *„L. A. Dutton",* erbaut im Jahre 1920, kann man heute im Museumshafen Mystic Seaport, Connecticut in den USA, bewundern.

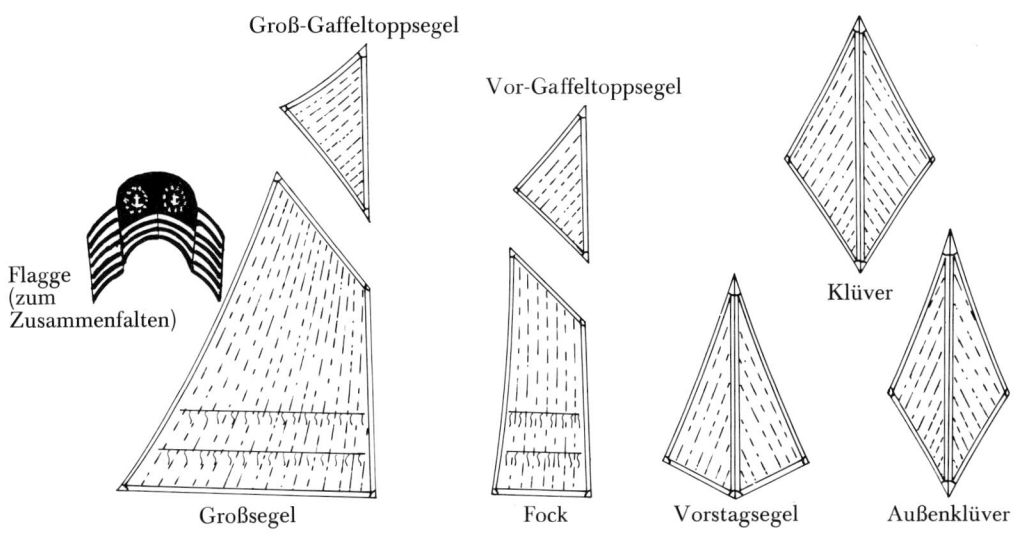

Groß-Gaffeltoppsegel

Vor-Gaffeltoppsegel

Flagge
(zum
Zusammenfalten)

Klüver

Großsegel

Fock

Vorstagsegel

Außenklüver

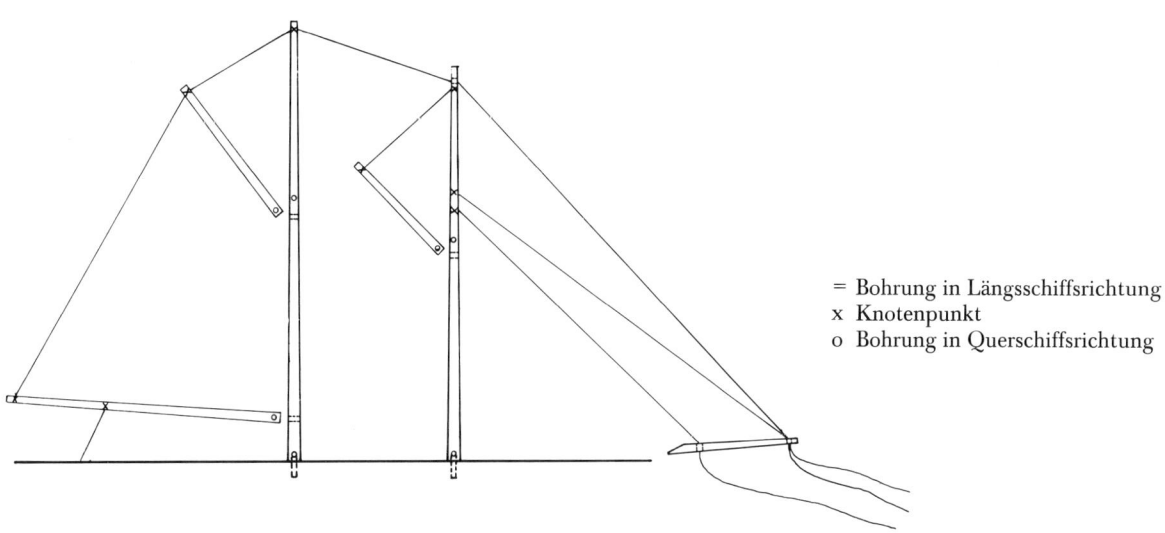

= Bohrung in Längsschiffsrichtung
x Knotenpunkt
o Bohrung in Querschiffsrichtung

Farbgebung: Dunkelgrüner Rumpf; Reling, Masten und Spieren weiß verziert. Weiß gestrichene Dories (ineinandergestapelte Fischerboote auf Deck). Dunkelbraune Decksaufbauten.

AUSWAHL UND
VORBEREITEN DER FLASCHE

Das Aussuchen der richtigen Flasche für das jeweilige Schiffsmodell sollte rechtzeitig geschehen, weil es etwa zwei bis fünf Wochen dauert, bis die gleich zu Anfang vorbereitete Kitt-„See" in der Flasche gehärtet ist. Bei der Auswahl sollte man beachten, daß Größe und Gestalt der Flasche auf das endgültige Aussehen des Ganzen einen nicht unerheblichen Einfluß nehmen können. Für Schiffe mit drei oder noch mehr Masten wählt man am besten lange, dünne Flaschen aus, während kleine Küstenschoner und Fischerboote mit einem oder zwei Masten besser in kürzeren Flaschen Platz finden.

Die Flasche muß also genügend Innenraum für die See, den jeweiligen Schiffsrumpf und für die aufgerichteten Masten haben. Für sämtliche in diesem Buch angegebenen Pläne wird eine Flasche mit einem Außendurchmesser von 8 bis 9 cm und einer Flaschenhalsöffnung von 16 bis 19 mm benötigt. Es sollte nicht allzu schwierig sein, eine Flasche mit diesen Maßen zu finden, denn diese Maße sind Standardgrößen.

Wenn es um das Problem der Aufstellung geht, ist eine Flasche mit flachen Seiten von Vorteil, weil das Hin- und Herrollen von vornherein ausgeschlossen ist.

Man kann jedoch auch runde Flaschen ohne großen Aufwand sicher aufstellen, indem man mit ein paar Tropfen Siegellack eine Standfläche zurechtschmilzt. Kleine Unebenheiten im Glas sollten kein Anlaß zur Sorge sein, denn sie sind nur allzu natürlich. Sie scheinen sogar ein bißchen Leben auf die Schiffe zu übertragen, wenn man die fertige Flasche vor den Augen hin und her dreht. Die Glasnaht, eine kleine, erhöhte Linie, die dort entstanden ist, wo die beiden Flaschenhälften aneinanderstoßen, ist ein anderes Problem. Wenn man jedoch die Flasche so einrichtet und aufstellt, daß die Naht nicht durch das Blickfeld läuft (für gewöhnlich durch Senkrechtstellung), so wird man sie nicht einmal bemerken.

Für den ernsthaften Bastler, der ein wirklich authentisches Aussehen seines Flaschenschiffes anstrebt, lohnt

Lotsenschoner

sich die Suche nach einer guten mundgeblasenen Flasche. Man findet sie gelegentlich in Trödler- und Antiquitätenläden, und wegen des oft nicht geringen Preises vergewissert man sich zweckmäßigerweise gleich an Ort und Stelle, ob der Durchmesser des Flaschenhalses und die Klarheit des Glases den Anforderungen entsprechen. Die meist harmonische Form und der altertümliche Charakter lohnen die Ausgabe für solch eine Flasche immer.

Manche der weniger kunstvoll hergestellten Flaschen, wie man sie in gefülltem Zustand zu Weihnachten geschenkt bekommt, sind für den Bau von Buddelschiffen sehr gut geeignet und haben oft den Vorzug eines besonders weiten Flaschenhalses. Man sollte auf der Liste

Baltimore-Schoner

der vorhandenen Möglichkeiten auch die Lagerhäuser örtlicher Schnapsbrennereien nicht unberücksichtigt lassen; auf diese Weise lassen sich der Suche vielleicht auch noch ein paar vergnügliche Minuten abgewinnen.

Die sorgfältig ausgewählte Flasche muß sehr gut ausgespült und gründlich ausgetrocknet werden, ehe man damit anfängt, die Kitt-„See" in die Flasche hineinzuschieben. Sollte Ihr örtliches Leitungswasser sehr chemikalienhaltig sein, dann können durch das Trocknen im Innern der Flasche Flecken auf dem Glas entstehen. Diese Flecken lassen sich leicht durch Reiben mit einem Papiertaschentuch entfernen, welches man um das Ende eines Kleiderbügeldrahtes wickelt.

Als nächstes muß die See vorbereitet werden.

Das Mischen von Ölfarbe und Kitt

Man vermischt den gut durchgekneteten Kitt (wenn sich auf der Oberfläche Leinöl abgesondert hat, gießt man davon die Hälfte vorher weg, um das Trocknen zu beschleunigen) mit der Farbe Preußischblau. Sollte sich das ausgewählte Schiffsmodell, rein vom Typ her gesehen, vorwiegend in Küstengewässern aufhalten, dann fügt man dieser Masse genügend Hellgrün hinzu, um die etwas grünliche Tönung zu erhalten, die für Gewässer in Küstennähe so charakteristisch ist. In der Küstenregion ermöglichen vielerlei Nährstoffe das Wachs-

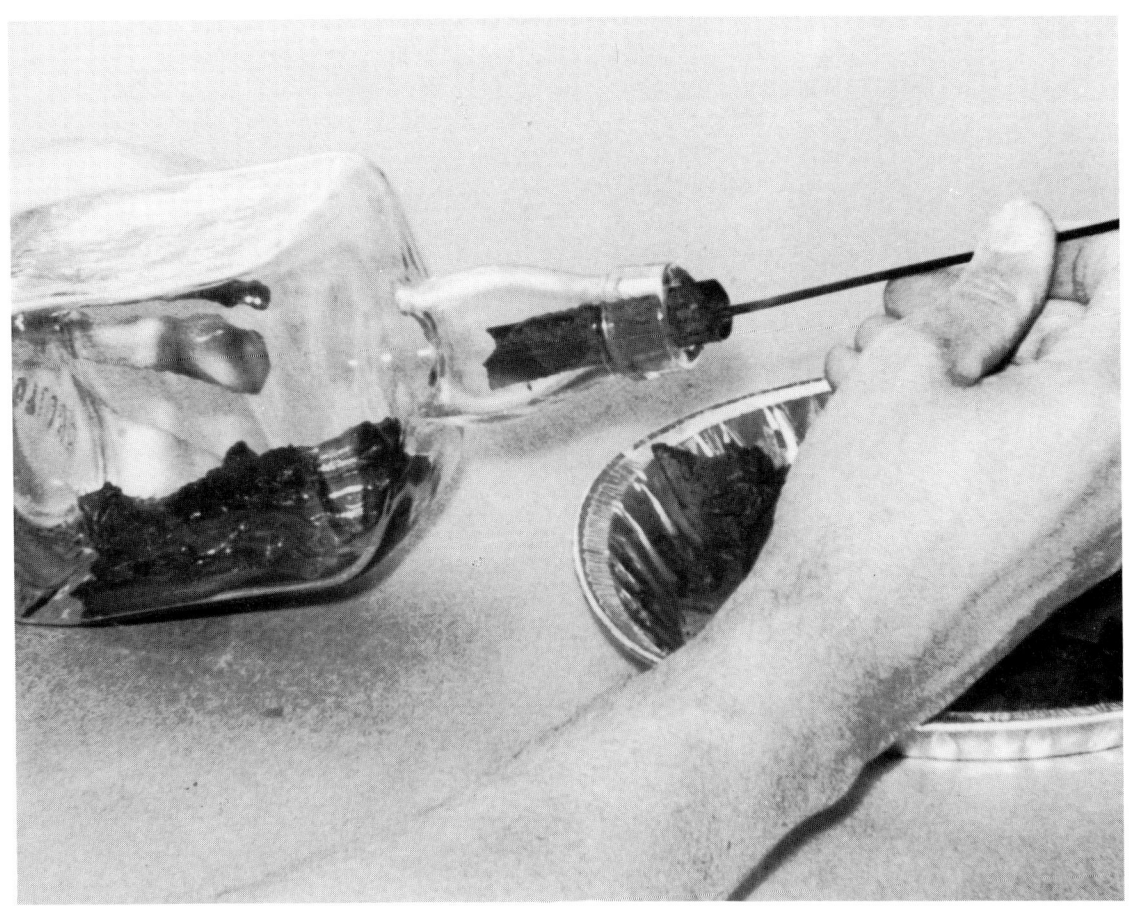

Das Einbringen der Kittmasse in die Flasche

tum kleiner Planktontierchen und der Pflanzenwelt; dadurch wird die Färbung hervorgerufen. Weiter von der Küste entfernt sind die Nährstoffe nicht mehr so häufig, und die See ist tiefblau. Doch wie man sich auch immer entscheidet – die Farben der See müssen kräftig und dunkel sein. Hellblaue oder hellgrüne Gewässer sehen unnatürlich aus und ergeben keinen genügenden Kontrast zu den weißen Kronen der Bugwellen.

Mit dem selbstangefertigten Kittlöffel oder einem entsprechenden Gerät wird der gefärbte Kitt in kleinen

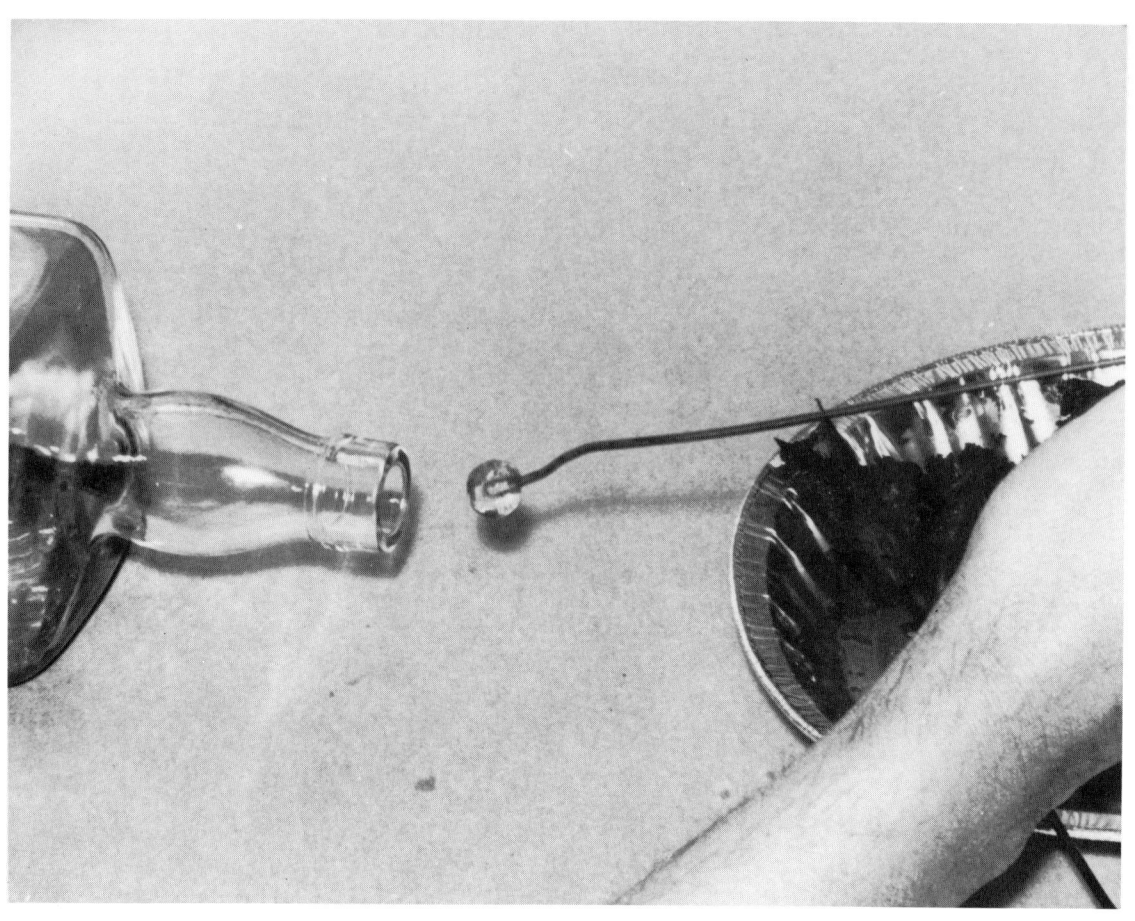

Gebrauch des Kittverteilers

Mengen in die Flasche hineingebracht. Dabei muß man
nach Möglichkeit vermeiden, daß die Wände der Flasche mit dem Kitt in Berührung kommen, denn er hinterläßt auf dem Glas Ölflecken, die anschließend wieder
entfernt werden müssen. Damit sollte man übrigens
nicht allzu lange warten, denn das Leinöl hat die Ange-
wohnheit, sich in eine zähe und klebrige Masse zu verwandeln. Wenn man zu spät darangeht, benötigt man
besondere Verdünnungsmittel, damit sich Öl und Kitt
überhaupt wieder lösen.

Die Flasche mit der frischen Kittfüllung muß genau waagerecht gehalten werden, sonst verschwimmt der Kitt unter der Oberfläche nach einer Seite, wo dann enggeriffelte „Hochwasser"-Falten entstehen.

Man füllt die Flasche nach Möglichkeit etwa mit einer 7 mm dicken Schicht aus Kitt. Aus verschiedenen Gründen sollte jedoch ein Zuviel an Kitt vermieden werden. Eine dicke Schicht braucht längere Zeit, um auszuhärten, und während der Härtungsprozesse treten dann leicht Risse auf. Der Kitt erhöht auch das Gesamtgewicht und verringert den Raum im Innern der Flasche, der für die Masten benötigt wird.

Hat man genügend Kitt in der Flasche, so nimmt man den Kittlöffel zur Hand und verstreicht die Mischung gleichmäßig. Hierbei ist es eventuell notwendig, den Drahtstiel etwas zu biegen, um mit der Fläche in alle Ecken der Flasche gelangen zu können.

Jetzt wird das „Bett" für Ihr Schiff vorbereitet, indem in der Mitte der Kittmasse ein ca. 1,5 x 8 cm großes Stück ganz flach gestrichen wird. Man drückt dieses Bett in der Form des Schiffsbodens ein wenig in die Kittmasse hinein, schiebt die Bugwelle hoch und deutet einige Wellen entlang des Schiffes an, wie sie durch die Schiffsbewegung entstehen. Man beachte: Ein Schiff verdrängt Wasser, wenn es sich bewegt.

Die nächste Überlegung gilt der Frage, woher der Wind wehen soll, wie demnach die Segel zu stehen haben und in welcher Richtung sich die Wellen bewegen. Dabei muß man bedenken, daß die meisten Wellen im Meer durch Wind entstehen, nicht etwa durch die Bewegung des Schiffes. Die Wellen kommen also aus der Windrichtung herangelaufen; ihre Kämme liegen quer zum Wind. Der Wind sollte gegen die Seite des Schiffes blasen und nicht direkt vor den Bug, denn auf solchem Kurs segelt bekanntlich kein Schiff. Bei ziemlich gutem Segelwetter präsentiert sich die sonst gleichmäßig rollende See häufig mit einzelnen Wellenkämmen, die mit weißen Mützen geschmückt sind. Diese Situation muß

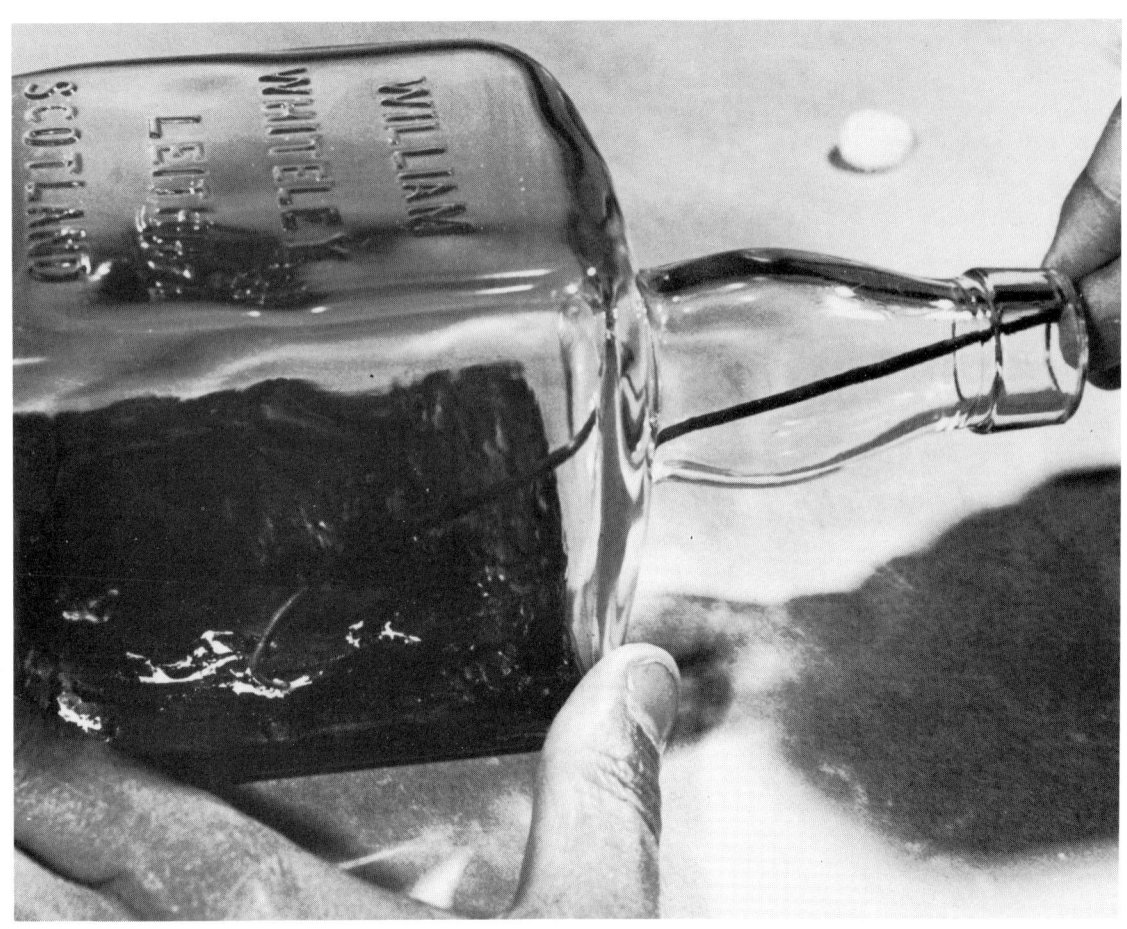

Die weißen Wellenkronen werden mit einem Stück gebogenem Draht aufgemalt

man darzustellen versuchen. Man höhlt hier und dort den Kitt etwas aus und schiebt einzelne Wellenkämme hoch. Hierbei kann eigentlich nichts schiefgehen, und wenn einem Fehler unterlaufen, dann drückt man den Kitt einfach wieder nach unten und versucht das Ganze ein zweites Mal.

Später, wenn die „See" erst ausgetrocknet ist, erhält das Wellenbild ein äußerst natürliches Aussehen, wenn man die Wellenkämme mit weißer Farbe betupft. Ist erst einmal der Kitt in der Flasche und die See ganz nach

Ihren Wünschen gestaltet, dann überprüft man das Innere der Flasche, ob auch keine Ölflecken zurückgeblieben sind.

Wie gesagt, man kann diese Flecken mit einem Papiertaschentuch entfernen, das um einen Draht gewikkelt ist. Zur Probe hält man die Flasche abschließend noch einmal gegen das Licht.

Damit der Kitt aushärten kann, wird die Flasche bei Zimmertemperatur unverkorkt auf eine ebene Unterlage gestellt. Wie lange das Aushärten dauert, richtet sich ganz nach dem Leinölgehalt des Kitts und natürlich auch nach der Luftbeschaffenheit in der Werkstatt.

Wenn die Kittoberfläche nicht mehr klebrig ist, können die weißen Schaumkämme und die Bugwellen hinzugefügt werden. Hierzu kann man den zu einem L geformten Hilfsdraht sehr gut benutzen. Man öffnet die Tube weißer Künstlerölfarbe, spießt ein bißchen Farbe auf die Drahtspitze und betupft damit die Wellenköpfe.

Die Drahtspitze hüpft im Gegensatz zu einem Pinsel beim Betupfen ein wenig hin und her, aber gerade das gibt dem Meer in der Flasche ein wilderes und natürlicheres Aussehen.

Man darf nicht vergessen, die Bugwellen weiß zu streichen und das kochende Kielwasser des Schiffes leicht anzudeuten. Das Wasser hinter einem sich bewegenden Schiff ist keinesfalls eine ruhende Fläche aus weißem Wasser, sondern eine quirlende, sich heftig bewegende Masse aus unterschiedlichsten weißen und blaugrünen Farbtönen.

Weil sich Ölfarbe und Kitt miteinander vermischen, ist es ratsam, das Bett des Schiffes nicht mit Farbe zu betupfen, sonst hat man am Schluß Schwierigkeiten, das Schiff auf seinem Platz festzukriegen. Geht man hierbei sorgfältig zu Werke, so braucht man nicht erst zu warten, bis die Ölfarbe getrocknet ist, wenn das Schiff in die Flasche soll. Man muß nur darauf achten, den Rumpf und die Segel des Schiffes nicht mit der feuchten Farbe in Berührung zu bringen.

39

Eine Auswahl besonders schöner Buddelschiffe

41

DIE GESTALTUNG
DES SCHIFFSRUMPFES

Das für den Schiffsrumpf bestimmte Holz sollte dicht gemasert und ohne Ast und Fehler sein. Es sollte sich auch leicht verarbeiten lassen, ohne beim Bohren der Löcher gleich zu zersplittern. Balsa-Holz ist zu leicht und splittert schnell; Harthölzer wie Eiche sind für die Verarbeitung ebenfalls ungeeignet. Man benutzt meist weißes Fichtenholz, es entspricht allen Anforderungen und ist sehr leicht zu bekommen. Es gibt natürlich eine große Anzahl ähnlich guter Hölzer; weißes Kiefernholz und Spruce eignen sich zum Beispiel ebensosehr.

Benutzt man für die Arbeit wirklich scharfe Werkzeuge, so erspart man sich Mühe und Ärger, weil feine Holzteile leicht zersplittern, wenn man sie mit stumpfen Geräten bearbeitet. Exaktes Arbeiten ist damit ohnehin fast unmöglich. Es lohnt sich immer, stumpfe Klingen so bald es geht neu zu schärfen oder durch scharfe Austauschblätter zu ersetzen.

Man beginnt mit einem Stück Holz in etwa folgender Größe: 8 x 3,5 x 2 cm. Es wird mit der schmalen Seite nach oben in den Schraubstock gespannt, dann werden die Umrißlinien des Decks darauf übertragen. Direkt von der Außenkante der Deckslinie sägt oder schneidet man senkrecht nach unten ungefähr 2 cm tief; damit hat man an allen Seiten noch viel Holz überstehen.

Als nächstes zeichnet man seitlich auf den in groben Umrissen geformten Rumpf den geschwungenen Verlauf des Schanzkleids auf (Seitenansicht), oberhalb dessen das überflüssige Holz weggeschnitten wird. Die so entstandene Fläche wird mit einem Streifen feinen Sandpapiers geglättet. Hierzu wickelt man das Sandpapier um ein entsprechend großes Holzstückchen mit glatten Flächen (Schleifklotz).

Bevor aus dieser Fläche das eigentliche Deck herausgearbeitet wird, zeichnet man auf ihr parallel zur Bordwand ebenfalls den inneren Verlauf des Schanzkleids auf (Decksansicht). Das Schanzkleid soll etwa 2 mm hoch und knapp 2 mm stark werden. Entlang dieser Innenlinie des Schanzkleids schneidet man rundherum das Holz 2 mm tief ein und trägt die gesamte Innenfläche gleichmäßig in 2 mm Tiefe ab. Die neu entstandene Fläche ist das Deck, das also rundherum vom Schanzkleid umgeben ist.

Man glättet auch diese Fläche mit einem kleinen Stück Sandpapier.

Nun geht es an die Gestaltung von Bug und Heck. Das überstehende Holz wird abgeschnitten, um den geschwungenen Bug und das flach eingezogene Heck herauszuarbeiten. Man wird ein wenig am letzten Schliff zu arbeiten haben, aber dann liegt der schwierigste Teil, das Schnitzen des Rumpfes, hinter einem.

Nun wird die Wasserlinie aufgezeichnet und der Rumpf knapp unterhalb dieser Linie von seinem Block gesägt (knapp unterhalb deswegen, weil das Bett des

45

Das Modell in seiner Rohform

Die Linie deutet den gekrümmten Verlauf des Schanzkleids an

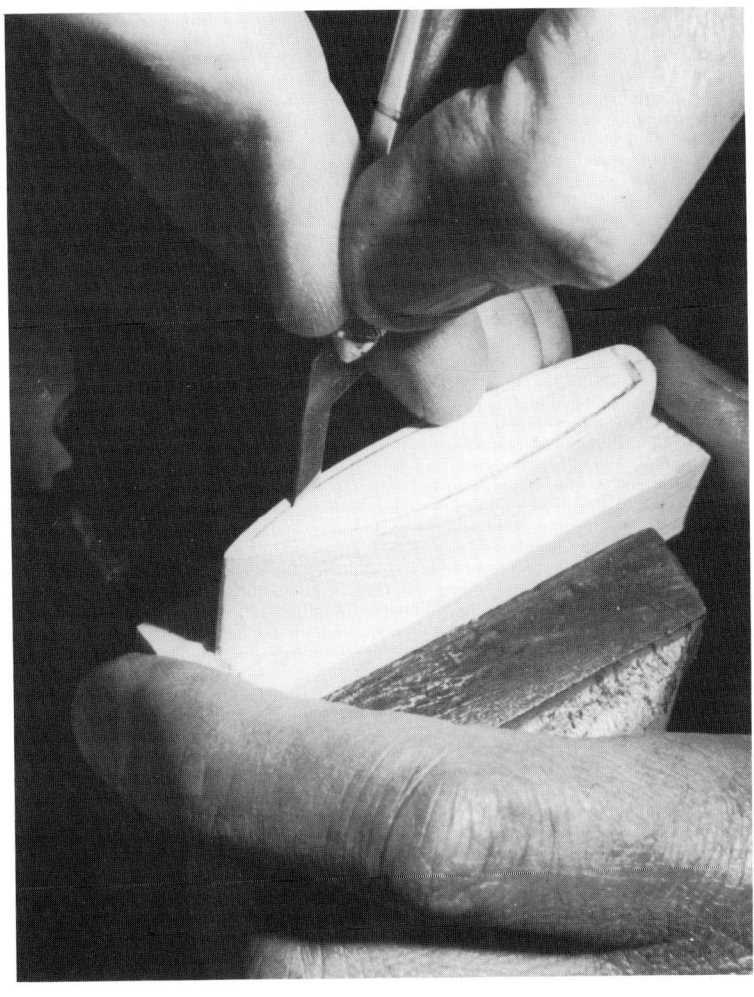

**Das Herausarbeiten
des Schanzkleids**

Schiffes knapp unterhalb des „Wasserspiegels" in der Flasche liegt). Abschließend werden die letzten Unebenheiten geglättet, und man befestigt den fertigen Rumpf mit einer der feinen Schrauben, die man durch den Werkstand von unten her in den Rumpf dreht.

Um die Poren des Holzes zu verschließen, bestreicht man den Rumpf mit Nagellack. Er hat den Vorteil, daß er schnell trocknet, daß man ihn in seinem kleinen Fläschchen jederzeit zur Hand hat, daß man diesen Lack überall kaufen kann, daß er einen fein-glänzenden Überzug ergibt und sich außerdem noch als wirksames Hilfs-

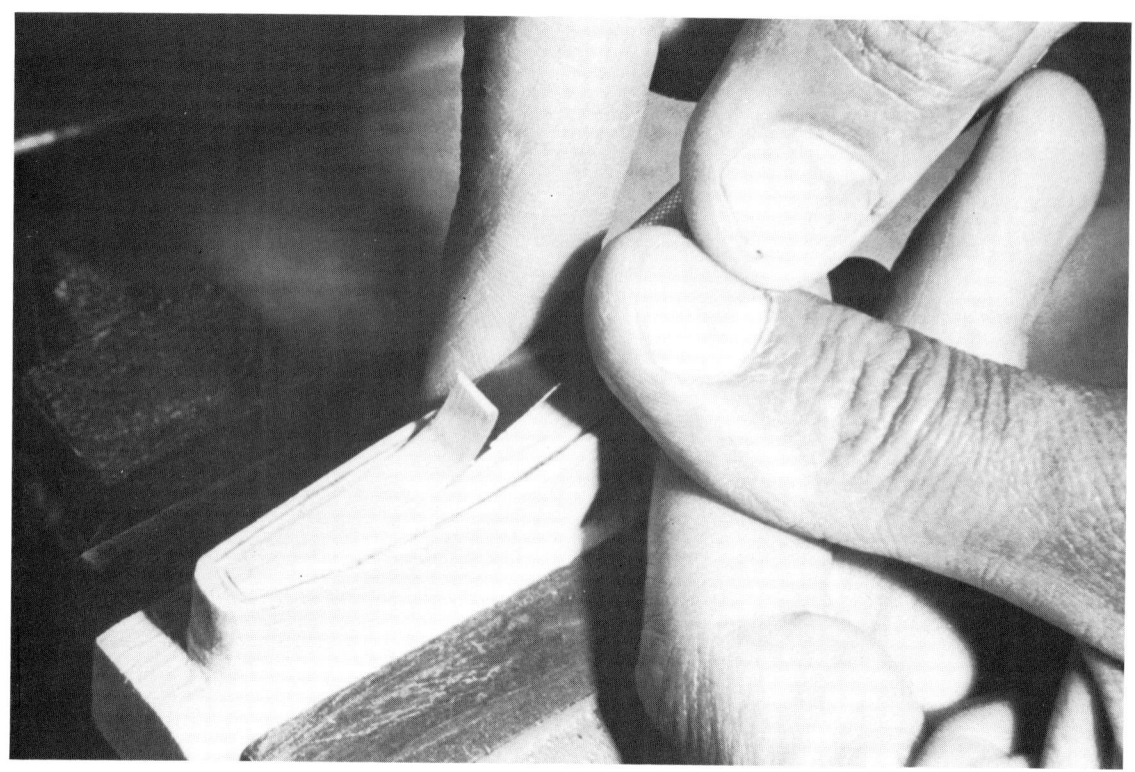

Das Abtragen der inneren Holzschicht bis aufs Deck

mittel für verschiedene andere Zwecke erweist. Besonders dickflüssigen Nagellack verdünnt man besser mit ein paar Tropfen Nitro-Verdünnung.

Alle Teile des Rumpfes, die später farbig gehalten werden sollen, streicht man zusätzlich zweimal mit farbigem Emaillelack.

Das eigentliche Deck wird nicht gestrichen, sondern nur mit klarem Nagellack überzogen.

Wenn man am Rumpf einige hervorspringende Linien andeuten will, zum Beispiel die zum Schutz bei Zusammenstößen verstärkten oberen Seitenplanken (Berghölzer, Scheuerleisten) oder die oberen und unteren Begrenzungen der Stückpforten, so erreicht man

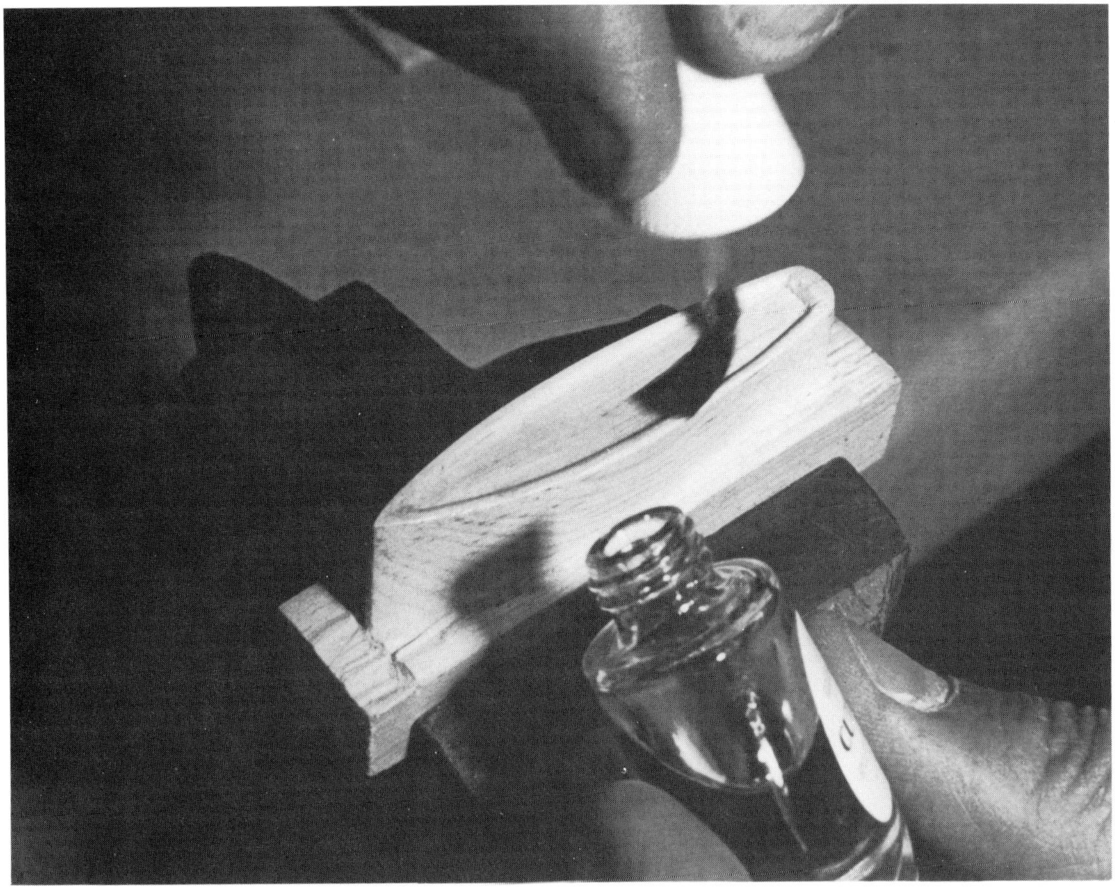

Deck und Reling sind fertig geschnitzt und abgeschmirgelt und erhalten einen ersten Anstrich mit klarem Nagellack

Gestaltung von Bug und Heck

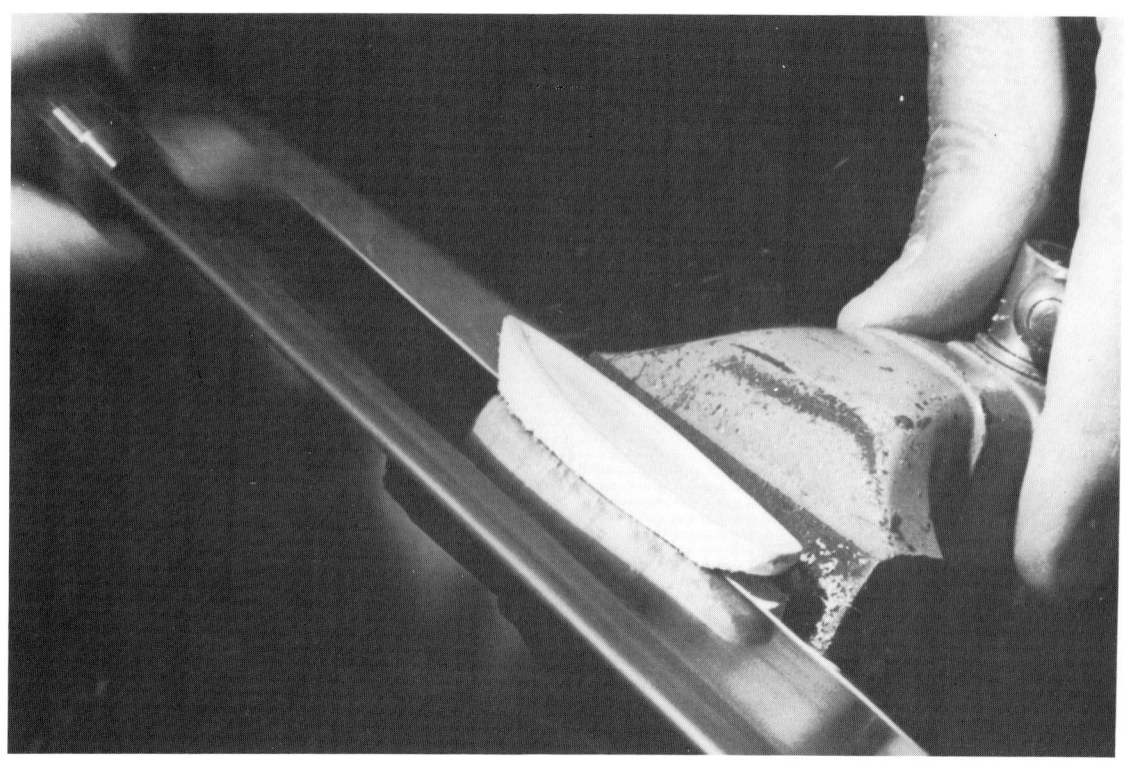

Das Absägen des fertigen Rumpfes vom Block

das am besten durch Aufkleben eines Fadens. Farbe eignet sich hierfür nicht so gut, da es fast unmöglich ist, auf Modellen dieser Größenordnung gerade Linien zu ziehen.

Um die Stückpforten anzudeuten (die Gloucester-Schoner allerdings hatten weder Kanonen noch aufgemalte Stückpforten), klebt man zwei parallel laufende schwarze Garne ca. 2 mm voneinander entfernt seitlich an den Rumpf; diese Fäden müssen fast genau in der Mitte zwischen Wasserlinie und Reling sitzen. Mit Hilfe eines feinen Pinsels kann man dazwischen dann die einzelnen Pforten weiß ausmalen.

Als Verzierung läßt sich jederzeit auch noch ein weißer oder heller Faden anbringen, den man seitlich am Rumpf genau in Höhe des Decks aufklebt.

DAS DECK

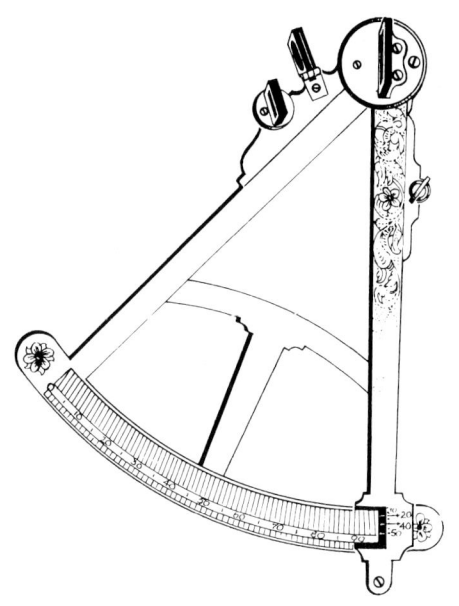

Nachdem das Schnitzen und Abschmirgeln des Rumpfes endgültig getan ist, braucht am Deck nur noch sehr wenig gemacht werden. Das hängt in den Einzelheiten davon ab, wieviel Details man noch anbringen möchte. Lukendeckel, Deckshäuser, Rettungsboote und eine Reling geben jedem Modell ein echteres Aussehen, bedeuten aber nicht selten mühevolle Kleinarbeit.

Die flachen, hölzernen Stiele vom „Eis am Stiel" und die Zungenspatel vom Zahnarzt oder aus der Apotheke eignen sich gut als Material für Deckshäuser und Lukendeckel; sie lassen sich leicht in kleine Vierecke zersägen oder auch zerspalten, wenn sie zu dick sind. Man schmirgelt die Stückchen vorsichtig ab und streicht sie dunkelbraun an, damit sie einen Kontrast zum ungestrichenen Deck bilden. Mit einem Tupfer Nagellack werden sie dann an den richtigen Platz geklebt.

Die Rettungsboote schnitzt man aus dem gleichen Material wie den Rumpf; für diesen Zweck ist es besonders wichtig, daß man mit Hölzern arbeitet, die nicht zu hart sind und nicht leicht spalten. Es ist besser, man schnitzt diese winzigen Boote, während sie noch an einem Ende mit dem größeren Holzstück verbunden sind, von dem man sie erst ganz zum Schluß absägt. Auch das Schmirgeln und Streichen erledigt man besser vorher; wie die Deckshäuser klebt man sie dann mit Nagellack auf ihren Platz.

Die Reling kann man leicht aus feinem Draht herstellen. Besonders gut eignen sich hierfür Kupferdrähte oder andere feine Drähte von etwas unter 0,5 mm ∅, die in Elektrokabeln und Elektromotoren Verwendung finden. Man bohrt entsprechend feine Löcher an der

Die Herstellung der Deckshäuser aus Holzspateln

Kante des Decks entlang, das von der Reling umgeben werden soll, und steckt kleine Drahtstücke als Relingsstützen senkrecht hinein.

Es ist für die Herstellung am einfachsten, wenn man alle Stützen auf einmal auf die gleiche Länge zuschneidet, indem man 20 oder 30 etwas längere Stücke quer auf einen Klebestreifen legt und den Klebestreifen nun der Länge nach mit der Schere aufschneidet.

Man bringt die Spitzen aller bereits hineingesteckten Relingsstützen auf gleiche Höhe und bestreicht sie mit Nagellack. Während sie trocknen, biegt und formt man ein längeres Stückchen Draht für die Reling. Dieses

Wie man aus dem Ende eines Holzstückes kleine, ineinander gestellte Dories schnitzt

Drahtstück klebt man mit klarem Nagellack auf die Spitzen der Relingsstützen und überzieht es mit Farbe.

Sollte Ihnen das Verarbeiten des Drahtes zu schwierig sein, so läßt sich die Schutzreling auch aus Garn herstellen. Eine auf diese Art hergestellte Reling sieht zwar nicht ganz so großartig aus, ist aber trotzdem ein annehmbarer Ersatz.

Man befestigt den Faden an der Spitze einer jeden Stütze mit einem festen Webeleinstek. Bei dieser Arbeit muß man beachten, daß der Faden zwischen den Stützen nicht durchhängt und daß alle Knoten gleichmäßig ausgerichtet sind.

Webeleinstek

53

Die Relingsstützen werden auf gleiche Länge geschnitten

Am Anfang und Ende der Reling wird der Faden oder Draht im Bogen aufs Deck heruntergeführt und dort angeleimt oder ins Bohrloch gesteckt. Vor dem endgültigen Anstrich bekommt die ganze Reling einen Überzug aus klarem Nagellack, der sie noch verstärkt.

Die Davits (Rettungsbootskräne) werden auf gleiche Weise hergestellt und befestigt wie die Relingsstützen.

Reling mit Relingsstützen und Davits

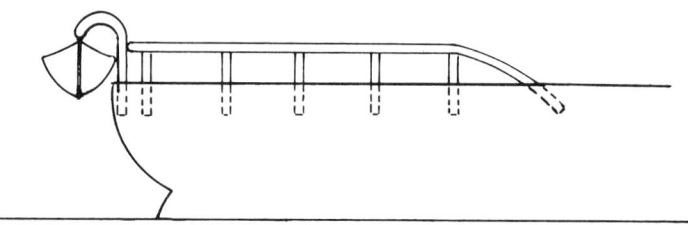

DAS RIGG

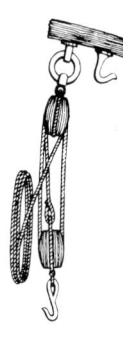

Für das endgültige Aussehen des kleinen Schiffes hat das Rigg eine große Bedeutung. Im zurückliegenden Kapitel über die Auswahl des richtigen Modells sind sehr viele verschiedene Takelungsarten abgebildet, die vielleicht noch einmal eine genauere Betrachtung verdienen. Man sieht dort, daß der Verlauf jeder Linie einem ganz bestimmten Zweck dient, und daß es Gesetzmäßigkeiten im Rigg gibt, die bei jedem Schiff in ähnlicher Form wiederkehren. Wenn man ein Modell nach eigenen Entwürfen baut, so kann man gar nicht oft genug in die Abbildungen sehen, die für diesen Entwurf Pate gestanden haben. Hat man vorher noch nie Gelegenheit gehabt, sich mit der Takelage eines größeren Schiffes zu befassen, so zahlt es sich aus, wenn man sich jetzt Fotografien und Zeichnungen aller nur irgendwie ähnlichen Schiffe beschafft und sie eine Zeitlang intensiv studiert, bis man sich die Funktion aller Dinge erklären kann, die man nachbauen möchte. Nichts in der Takelage der großen Schiffe ist dem Zufall überlassen; der ganze unscheinbare Irrgarten der Brassen, Toppnanten, Stage, Wanten und schließlich der Segel selbst ist nach den Gesetzen der Logik geordnet, die sich in einer Schönheit von ganz eigener Art ausdrücken. Sogar ein ungeübtes Auge würde sofort bemerken, wenn eine Linie nicht die richtigen Punkte verbindet. Ganz besonders gilt das natürlich für ein kleines Modell, dessen Linien ohnehin schon auf ein Minimum beschränkt sind. Daher empfiehlt es sich für den Anfang, nicht gleich völlig neue Schiffstypen mit nie gehabten Takelungsarten entwerfen zu wollen; die Segelpläne der alten Schiffe haben sich über große Zeiträume hin entwickelt und bewährt, und man kann nichts Besseres tun, als sie möglichst genau zu kopieren. Der Lohn dieser Mühen wird dann ein in allen Punkten echtes Aussehen sein.

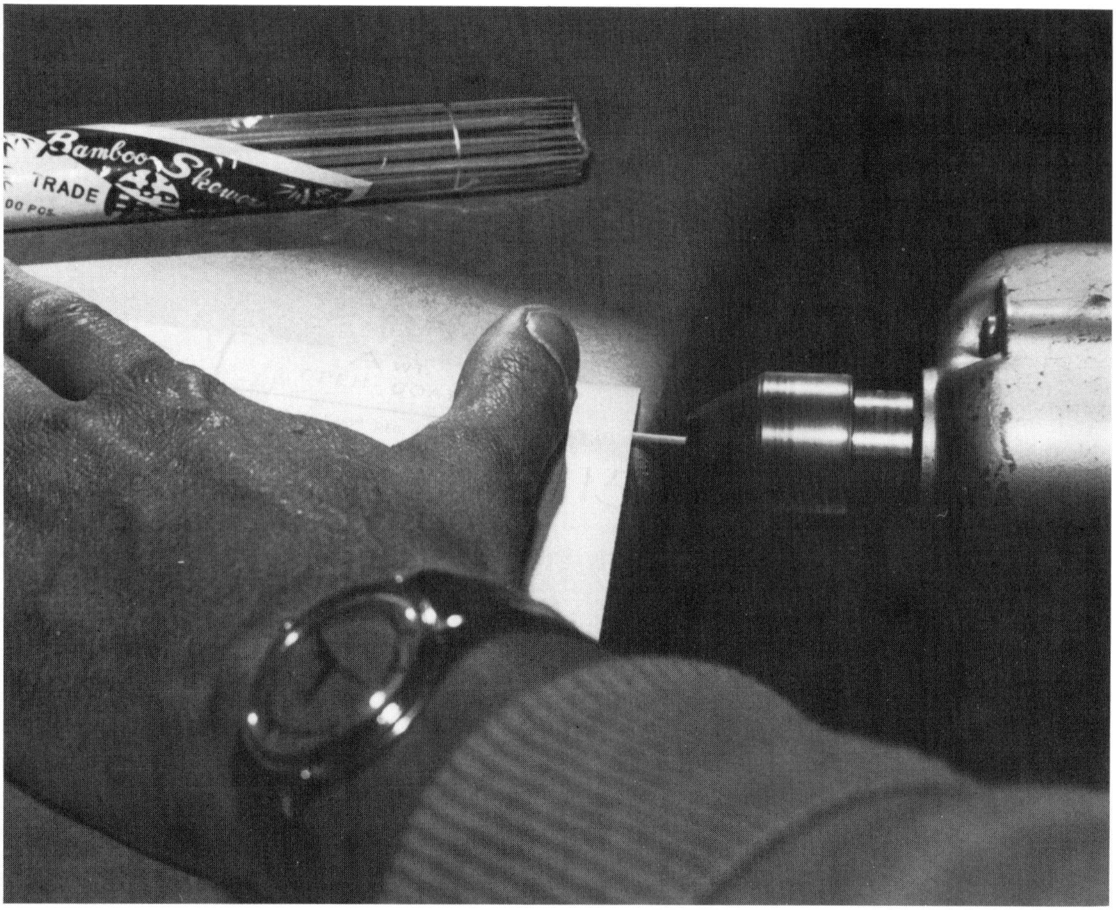

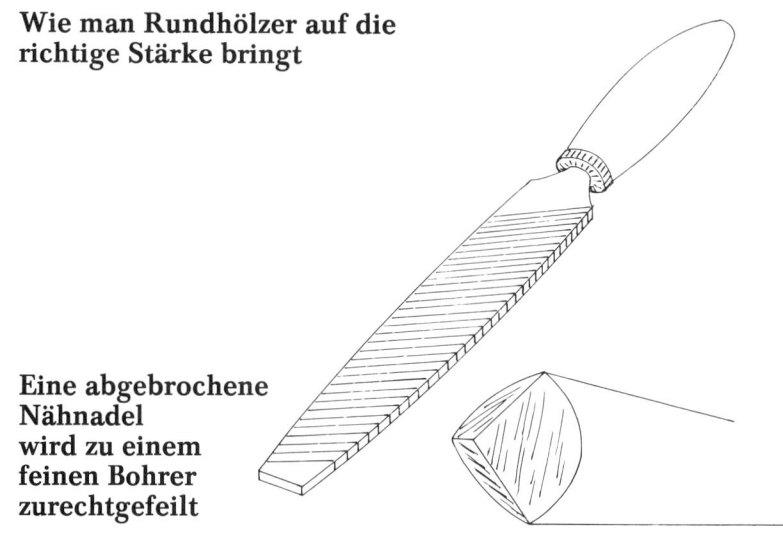

**Wie man Rundhölzer auf die
richtige Stärke bringt**

**Eine abgebrochene
Nähnadel
wird zu einem
feinen Bohrer
zurechtgefeilt**

Ehe man anfängt, sollte man folgende Punkte beachten:

1. Wenn die Rundhölzer echt aussehen sollen, dürfen sie niemals stärker als 3 mm sein. Man kann das etwas stärkere Material auf sehr einfache Weise dünner machen, indem man das jeweilige Holzstück mit seinem einen Ende im Bohrfutter der Handbohrmaschine einspannt und das andere Ende sich in einem gefalteten Stück Sandpapier unter leichtem Druck abschleifen läßt. Als Rohmaterial hierfür nimmt man Dübelholz von 3 mm Stärke oder die erwähnten Holzspießchen für Cocktail-Happen, Rouladen etc.

Diese Spießchen neigen zwar leicht zum Splittern; man kann sie aber trotzdem gut verarbeiten, wenn man nicht zu hastig ans Werk geht.

2. Hat das Material die gewünschte Stärke, so wird es mit klarem Nagellack überzogen. Die Lackschicht macht das Holz unempfindlich gegen den Schmutz, den man beim Arbeiten an den Fingern hat, und sie verhütet das Splittern, wenn man das Holz durchbohrt.

3. Beim Bohren der Löcher durch die Rundhölzer sollte man die eigentliche Arbeit dem Bohrer überlassen und nicht zu stark aufdrücken, sonst spaltet man das Holz. Bei tieferen Bohrungen muß außerdem der Bohrer zwischendurch häufig aus dem Loch gezogen und gereinigt werden, weil sich seine Rillen schnell mit Bohrmehl vollsetzen. Hat man den erforderlichen feinen Spiralbohrer nicht zur Hand, so kann man sich mit einer abgebrochenen feinen Nähnadel behelfen; allerdings gehört schon etwas Geschicklichkeit dazu, das stumpfe Ende so anzufeilen, daß man damit wirklich bohren kann. Man spannt dazu die Nadel so weit in den Schraubstock ein, daß die Spitze eben noch mit der Feile erreichbar ist. Es muß eine sehr feine und scharfe Feile sein, und man muß sie sehr exakt führen, damit man keine runden Kanten bekommt, mit denen sich dann kein Loch bohren läßt. Man feilt die Spitze ebenmäßig an drei Seiten flach. Die Methode ist recht alt, und zur Not geht es heute noch damit.

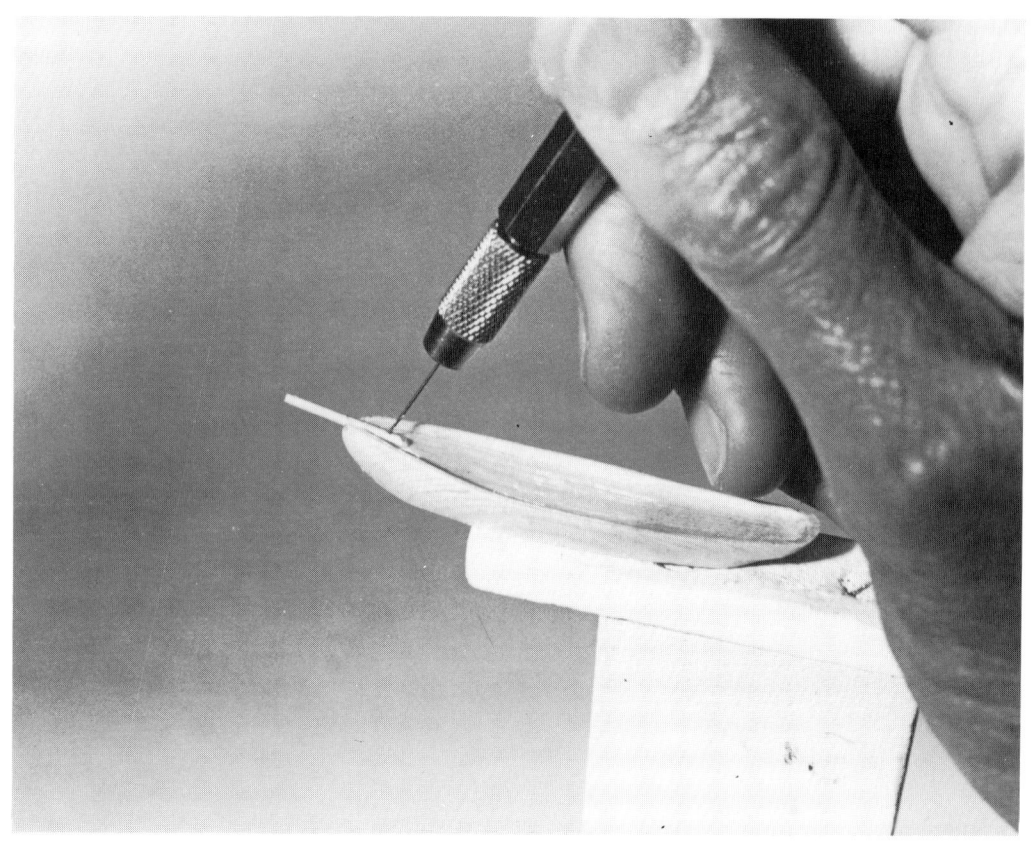

Durch Bugspriet und Vorschiff wird ein Loch gebohrt

4. Ist ein Rundholz beim Bohren trotz aller Vorsicht zersplittert, so kann man es möglicherweise dennoch retten. Man überpinselt die Bruchstelle mit Nagellack und preßt die gebrochenen Teile sofort mit einem Webeleinstek zusammen; Faden und Knoten werden ebenfalls damit getränkt. Nach dem Trocknen schneidet man die losen Enden ab (so sollte man übrigens mit jedem Knoten verfahren, damit er sich auf keinen Fall wieder löst).

5. Um den Faden durch die winzigen Bohrlöcher ziehen zu können, taucht man sein Ende in Nagellack. Dadurch wird er versteift und kann sich nicht mehr aufdrehen, wenn er auf ein Hindernis trifft.

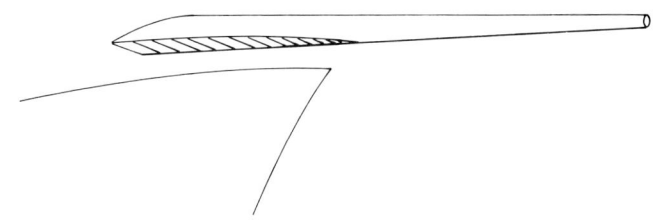

Die Unterseite des Bugspriets ist abgeflacht, damit man eine Klebefläche von ausreichender Größe erhält

Als erstes Rundholz wird das Bugspriet angebracht (eigentlich Bugspriet und Klüverbaum in einem). Es läßt sich auf zweierlei Art am Rumpf befestigen: durch Aufleimen aufs Vordeck oder durch Einpassen in ein Bohrloch im Rumpf. Zum Aufleimen formt man das Bugspriet so, daß seine Unterseite im Bereich des Vordecks abgeflacht ist, damit eine ausreichende Klebefläche entsteht. Beide Flächen, das Stück Deck und die Fläche am Bugspriet, werden mit Nagellack gestrichen und fest aufeinandergepreßt. Will man das Bugspriet einlassen, so bohrt man je nach Vorlage ein Loch von ausreichender Größe direkt in die Vorschiff-Spitze oder auch etwas tiefer. Die Wahl der Befestigungsmethode hängt hier nicht nur von Sympathien für die eine oder andere Art ab, sondern auch vom jeweiligen Schiffstyp.

Man tränkt das Bugspriet mit klarem Nagellack, schiebt es in ein Bohrloch und läßt es antrocknen. Natürlich muß das Loch tief genug sein, damit das Bugspriet genug Halt hat; das Loch sollte mindestens dreimal so tief sein wie sein Durchmesser. Welche Befestigungsmethode man auch immer wählt – es muß berücksichtigt werden, daß das Bugspriet Hebedruck auszuhalten hat, wenn an den Vorleinen gezogen wird, um die Masten in der Flasche aufzurichten. Ist das Bugspriet also ausreichend befestigt, so werden abschließend die Löcher für die Vorleinen gebohrt, wie sie im Bauplan eingezeichnet sind.

Jetzt sind die Masten und Spieren an der Reihe. Naturgemäß müssen die Masten etwas dicker sein als die übrigen Rundhölzer, und sie sollten sich nach oben hin leicht verjüngen. Man schneidet die Masten auf die

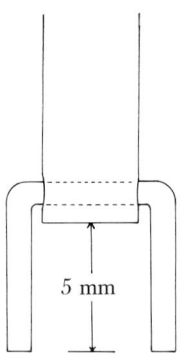

5 mm

Mastfuß aus Draht; der Mast ist auf dem Drahtbügel schwenkbar

in den Bauplänen angegebenen Längen, markiert auf ihnen vorsichtig die zukünftigen Befestigungspunkte und bohrt die im Plan eingezeichneten Löcher hinein. Dabei muß beachtet werden, daß manche Löcher für die Befestigung in Längsschiffsrichtung und andere für jene in Querschiffsrichtung gedacht sind.

Um sich Fehler zu ersparen, sollte man immer nur jeweils an einem Mast arbeiten. Man schneidet, schnitzt, schleift und bohrt die zugehörigen Rahen und Spieren zurecht und befestigt sie am Mast unter Verwendung der in der Zeichnung angegebenen Knoten. Diese Knoten garantieren, daß sich alle Rahen und Spieren auch nach ihrer Befestigung noch am Mast bewegen lassen, damit man das fertig aufgeriggte Schiff schließlich noch durch den Flaschenhals bugsieren kann.

Als nächstes nimmt man sich ein kurzes Stück dünnen Drahtes, steckt es durch das Fußloch im Mast und biegt die überstehenden Enden U-förmig herunter. Unter dem Mastfuß sollten die Drahtenden noch 5 mm lang sein. Dieser Draht wird die Schwenkvorrichtung für den Mast.

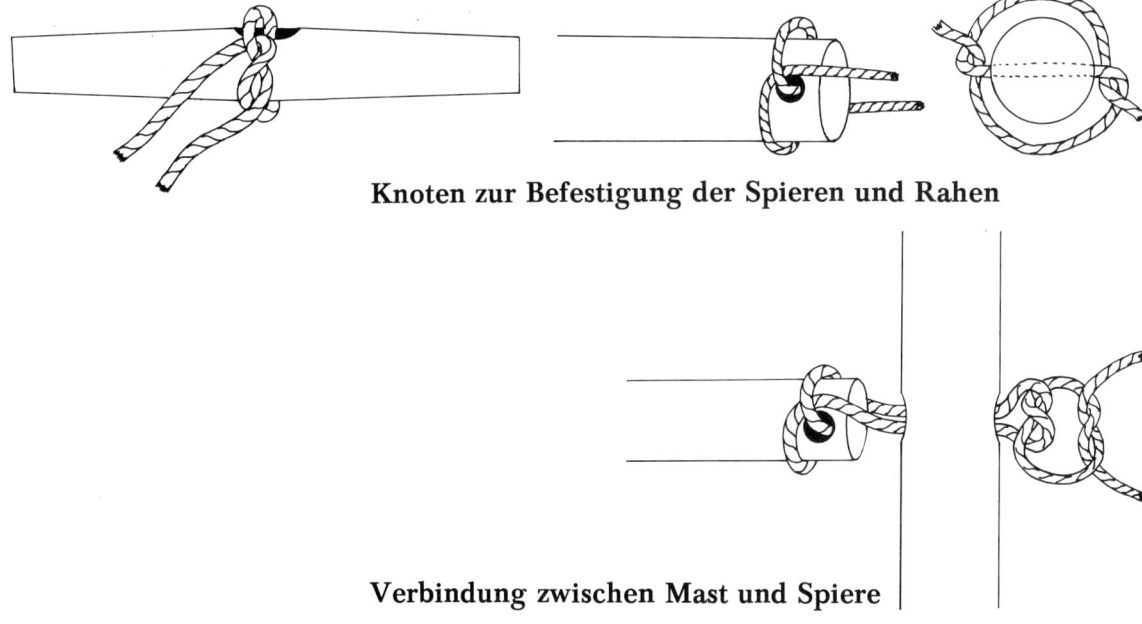

Knoten zur Befestigung der Spieren und Rahen

Verbindung zwischen Mast und Spiere

Vorm Auftakeln werden Masten und Spieren auf ihre Schwenkbarkeit hin überprüft

Man zeichnet die Stellung der Masten aufs Deck auf
und bohrt in der Stärke des Drahtes zwei Löcher für die
Drahtenden am Mastfuß. Daraufhin werden die Masten gestellt, und man überprüft sogleich, ob sie sich
weit genug legen lassen; sie müssen fast parallel zum
Deck liegen können. Auch die Rundhölzer müssen
überprüft werden, ob sie sich parallel zur Längsschiffs-
achse stellen lassen.

Am aufgerichteten Mast befestigt man die Enden der
Stage mit einem Webeleinstek. Man schert die verschiedenen Stage durch die entsprechenden Löcher in
den Masten, im Rumpf und im Bugspriet, so wie in den
Plänen angegeben. Dabei müssen allerdings die Fäden
vom Bugspriet aus gemessen mindestens 40 cm lang
sein, damit man später beim Aufrichten der Masten
nicht in Schwierigkeiten kommt. Einige Heftzwecken

In Längsschiffsrichtung sind
die Masten fertig abgestützt;
das Bohren der Wantenlöcher
kann beginnen

im Fuß des Werkstandes eignen sich gut, um die langen
Fäden aufzuwickeln und ihr Vertörnen zu verhindern.

Wenn eine Leine, die zwischen zwei Masten an beiden Enden fest ist, beim Legen der Masten nicht zerreißen soll, so muß man dabei einiges beachten. Der Abstand zwischen zwei beliebigen festen Punkten auf den
Masten verändert sich, wenn die Masten gelegt werden
(es sei denn, beide Punkte liegen auf gleicher Höhe).
Eine Leine, die am achteren Mast weiter oben befestigt
ist als am vorderen, wird beim Legen der Masten auf
Spannung kommen, das Legen verhindern oder aber
zerreißen. Eine geknotete Verbindung zwischen zwei
Masten muß also am Fockmast höher befestigt sein als

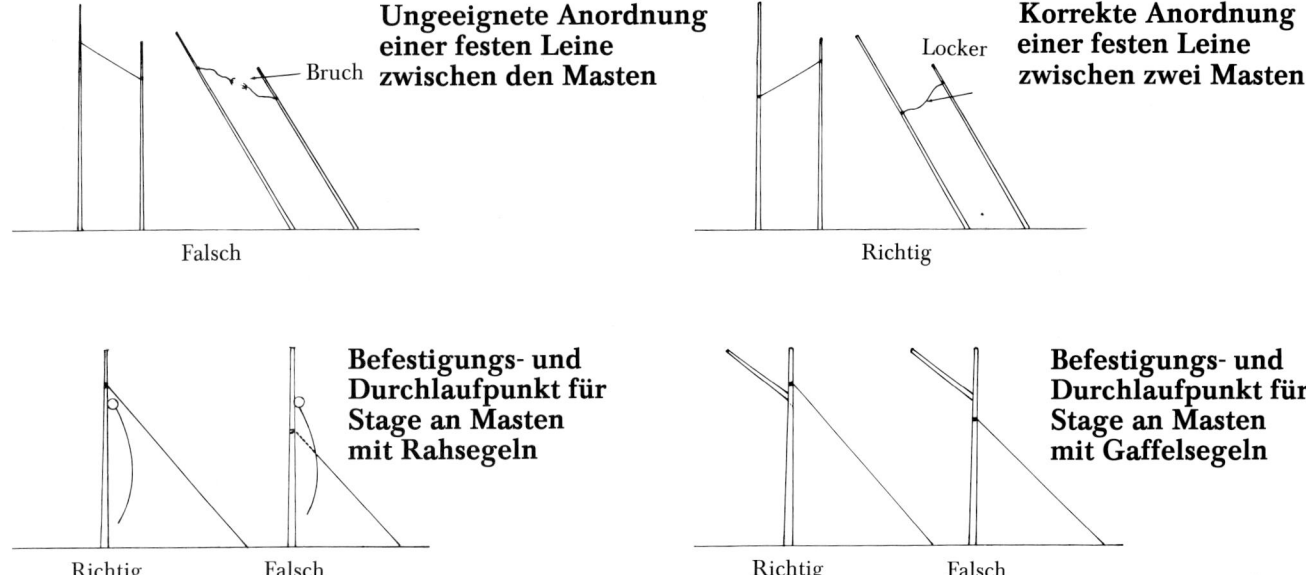

Ungeeignete Anordnung einer festen Leine zwischen den Masten

Bruch

Falsch

Korrekte Anordnung einer festen Leine zwischen zwei Masten

Locker

Richtig

Befestigungs- und Durchlaufpunkt für Stage an Masten mit Rahsegeln

Richtig   Falsch

Befestigungs- und Durchlaufpunkt für Stage an Masten mit Gaffelsegeln

Richtig   Falsch

am achtern stehenden Mast, wenn das Legen richtig klappen soll.

Achtgeben muß man auch, wenn man die Stage am Mast festknotet. Sie dürfen ja nicht die am Mast befindlichen Segel behindern; deshalb sind sie immer kurz oberhalb der Rah oder der Gaffel befestigt, niemals aber unterhalb.

Jetzt kann man an das Bohren der Löcher durchs Schanzkleid gehen. Durch diese Löcher sollen die Wanten geschoren werden, welche die Masten zu den Seiten hin abstützen. Dabei muß beachtet werden, daß kein Want weiter vorlich befestigt werden darf als genau querab vom Mast, weil sonst das Legen des Mastes unmöglich wird. Am besten bohrt man also die ersten zwei Löcher genau an Backbord und Steuerbord querab vom jeweiligen Mast. Die jeweils nächsten Löcher folgen dann in mindestens 2 mm Abstand weiter achtern; ein engerer Lochstand ist wegen der Gefahr des Splitterns unmöglich.

Für die Wanten nimmt man einen möglichst dünnen Faden, damit es oben am Mast, wo sich die Fäden treffen,

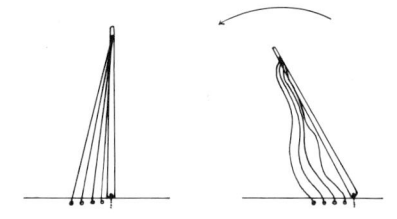

Richtig angeordnete Befestigung der Wanten am Schanzkleid

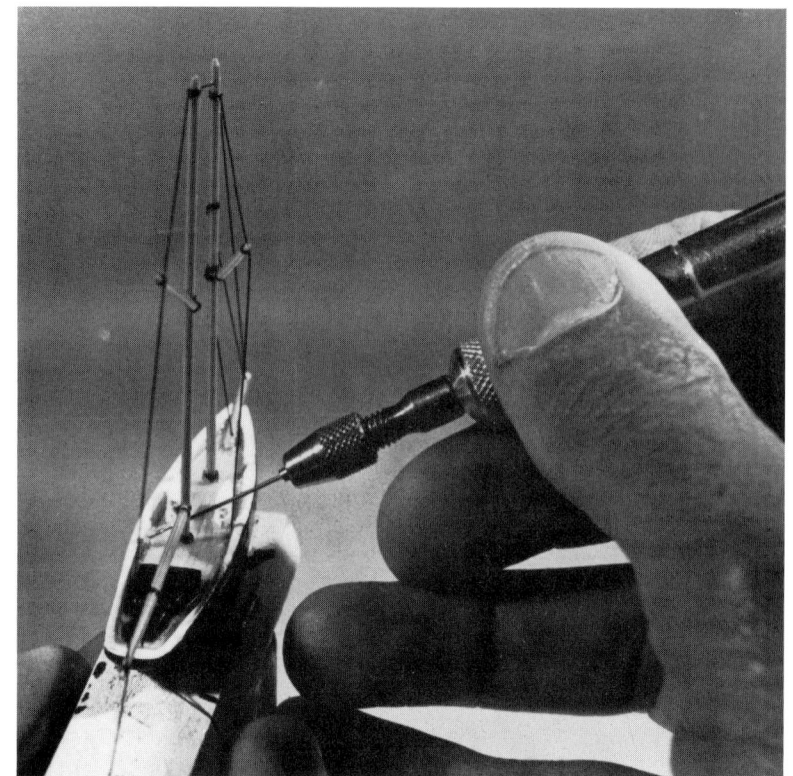

Beim Bohren des ersten Wantenlochs neben dem Mast

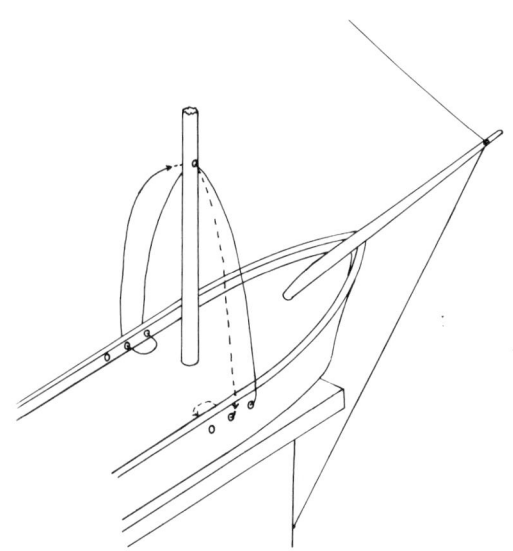

So werden die Wanten eingeschoren

nicht zu klumpig aussieht. In das Ende des etwa 40 cm langen Fadens wird ein Knoten gemacht, und man steckt das freie Ende von innen her durch das vordere Loch auf der Steuerbordseite.

Der Faden wird durchgezogen, bis der Knoten innen dicht am Schanzkleid anliegt. Dann wird die Spitze durch das Mastloch und von außen her durch das erste Loch auf der Backbordseite gesteckt, und wiederum wird alle Lose aus dem Faden durchgeholt. Innen führt man den Faden an der Schanze entlang bis zum nächsten Loch, durch das die Spitze nach außen durchgesteckt und genau wie vorher durch das Mastloch auf die andere Seite geholt wird. Auch hier führt man den Faden innen am Schanzkleid entlang, bis zum nächsten Loch, und von nun an wiederholt sich der Vorgang regelmäßig, bis das letzte Loch erreicht ist. Wenn man anschließend die Wanten gleichmäßig durchholt, muß der Mast nach vorn gut abgestagt sein, weil er sonst leicht nach achtern getrimmt wird. Ist man mit den Wanten und der Stellung des Mastes zufrieden, so setzt man die Wanten in ihrer Stellung fest, indem man Nagellack auf die Stellen tropft, an denen die Fäden durch das Schanzkleid laufen. Dann schneidet man die überstehenden Enden ab und wiederholt die ganze Prozedur am nächsten Mast.

Sind sämtliche Wanten eingeschoren, so wird der Rumpf seitlich noch einmal übergepinselt, um die Bohrlöcher zu verdecken. Zu guter Letzt prüft man ein weiteres Mal, ob sich die Masten unbehindert legen lassen.

Bei rahgetakelten Modellen sind jetzt die Toppnanten und Brassen an der Reihe. Man beginnt an der Steuerbordseite und macht einen Webeleinstek so weit außen an der Nock der Rah wie nur möglich; er wird mit einem Tropfen Nagellack gesichert. Getreu den Takelplänen steckt man jetzt die Enden durch die dazugehörigen

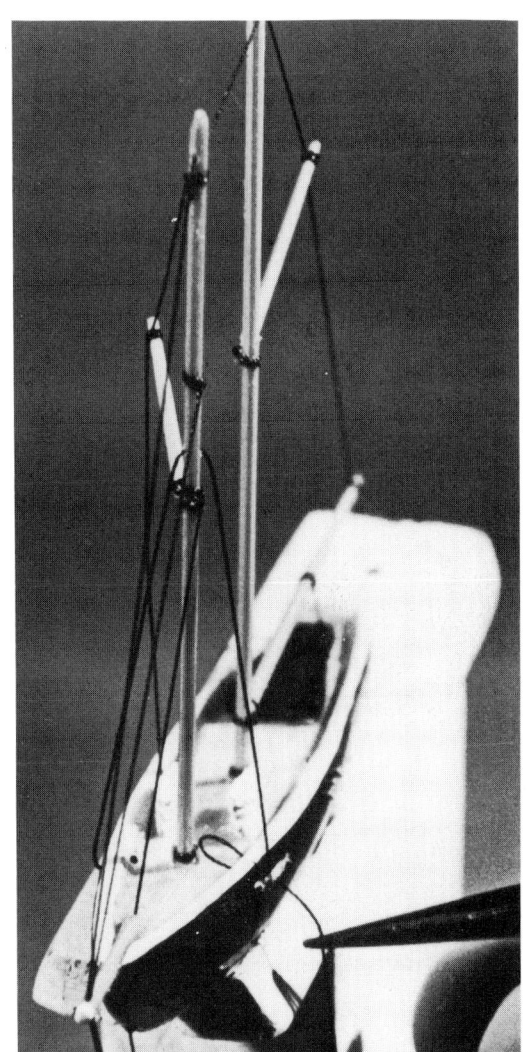

Aus dem zweiten Loch in der Backbordseite wird das Want wieder herausgezogen

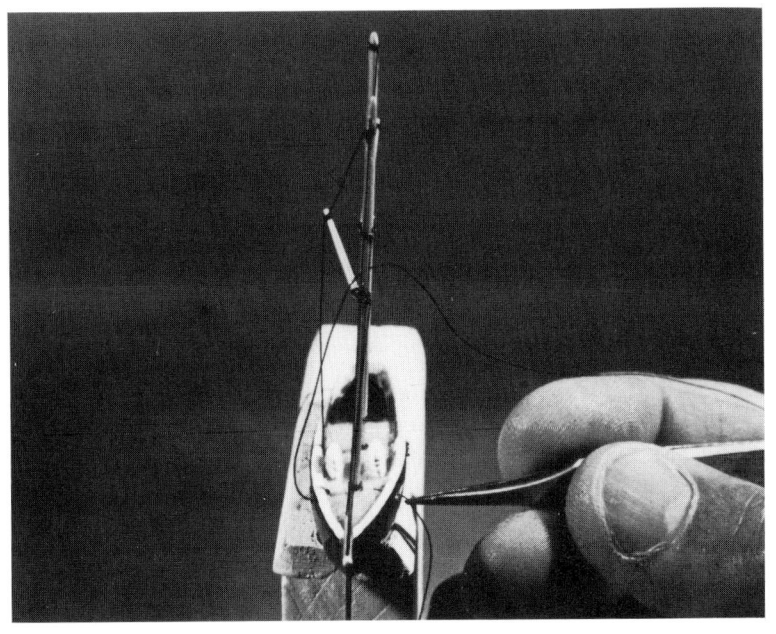

Beim Einfädeln der ersten Wanten

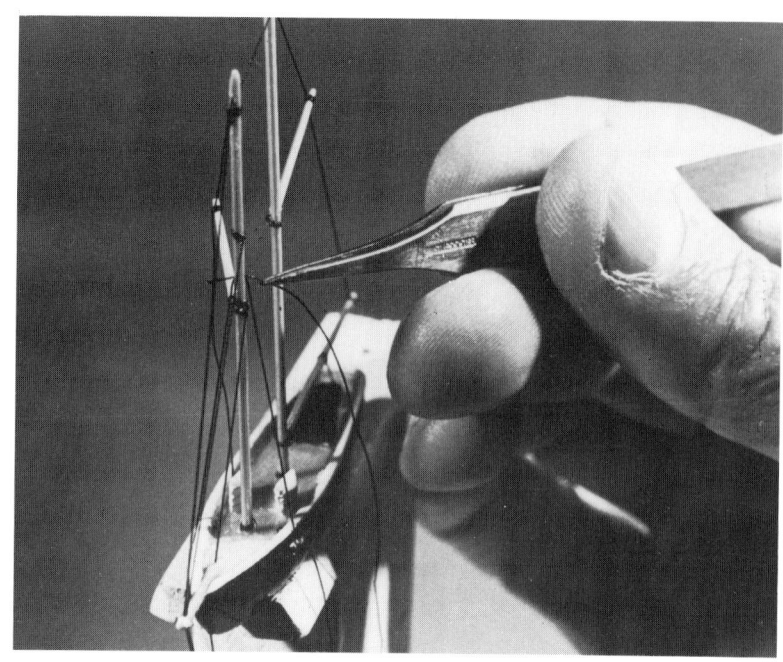

Zurück auf die andere Seite durch das gleiche Loch im Mast

Das Aufriggen ist getan

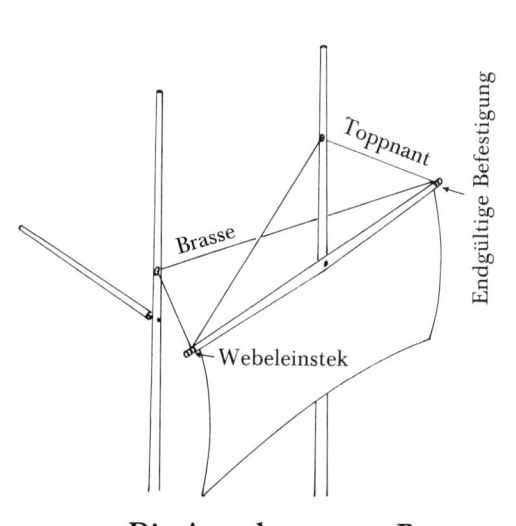

Die Anordnung von Brassen und Toppnanten

Löcher, so daß der Faden jeweils auf der Backbordseite wieder herauskommt.

Hier wird er dann befestigt, wie aus der Zeichnung ersichtlich ist. Wenn das erledigt ist, muß die Nock einer jeden Rah nach oben und unten sowie nach den Seiten hin beliebig beweglich sein, ganz wie es auf einem richtigen Rahsegler der Fall ist.

Ist man bis an diesen Punkt gekommen, so kann man sich an das Zuschneiden und Befestigen der Segel wagen.

So werden Toppnanten und Brassen verknotet

Fertig aufgeriggter Rahsegler

DIE SEGEL

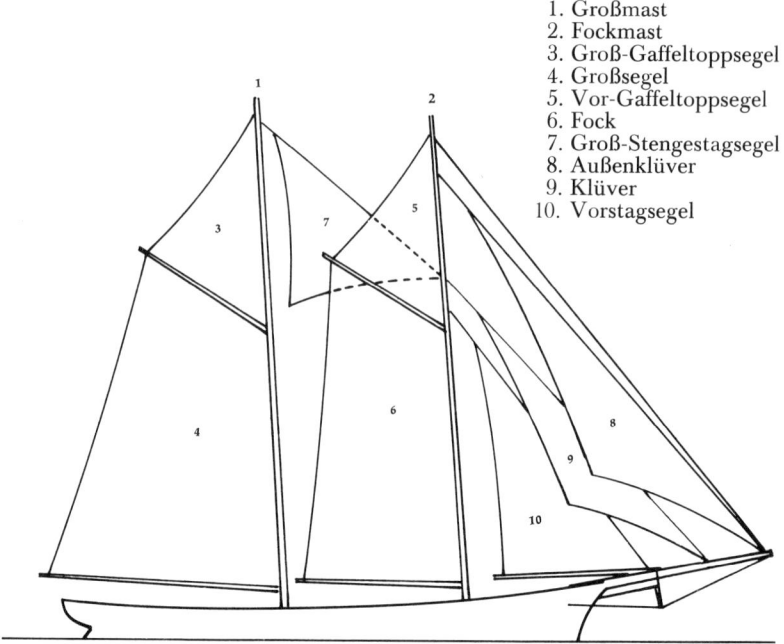

1. Großmast
2. Fockmast
3. Groß-Gaffeltoppsegel
4. Großsegel
5. Vor-Gaffeltoppsegel
6. Fock
7. Groß-Stengestagsegel
8. Außenklüver
9. Klüver
10. Vorstagsegel

Segelplan eines typischen Schoners

Die Segel macht man am besten aus einem Stück mittelschweren Schreibmaschinenpapiers. Obgleich man ursprünglich für die ersten Modelle gestärkte Tuchsegel nahm, gibt die Unebenheit des gewebten Stoffes diesen Modellen kein besonders echtes Aussehen. Ein anderer Nachteil dieses Materials ist, daß sich die Nähte und Reffbändsel nur sehr schwer aufzeichnen lassen, auch fransen die Ränder leicht aus. Häufig kräuselt sich der Stoff, oder das Gewebe wirft

Segelplan eines Vollschiffes

1. Außenklüver
2. Klüver
3. Vor-Stengestagsegel
4. Fock
5. Vor-Marssegel
6. Vor-Bramsegel
7. Vor-Royal
8. Vor-Skysegel
9. Groß-Skystagsegel
10. Groß-Royalstagsegel
11. Groß-Bramstagsegel
12. Groß-Stengestagsegel
13. Groß-Stagsegel
14. Großsegel
15. Groß-Marssegel
16. Groß-Bramsegel
17. Groß-Royal
18. Groß-Skysegel
19. Kreuz-Royalstagsegel
20. Kreuz-Bramstagsegel
21. Kreuz-Stagsegel
22. Kreuzsegel
23. Kreuz-Marssegel
24. Kreuz-Bramsegel
25. Kreuz-Royalsegel
26. Kreuz-Skysegel
27. Besan

sich unregelmäßig, so daß die Verarbeitung gewebter Tücher insgesamt wenig erfreulich ist. Keine derartigen Schwierigkeiten hat man zu erwarten, wenn man Schreibmaschinenpapier nimmt. Man kann dem Papier sogar einen Hauch des Alters geben, wenn man es eine halbe Stunde lang in warmen Kaffee taucht; man legt es hinterher zum Trocknen auf eine ebene Unterlage und glättet das Papier nach Bedarf mit einem Bügeleisen.

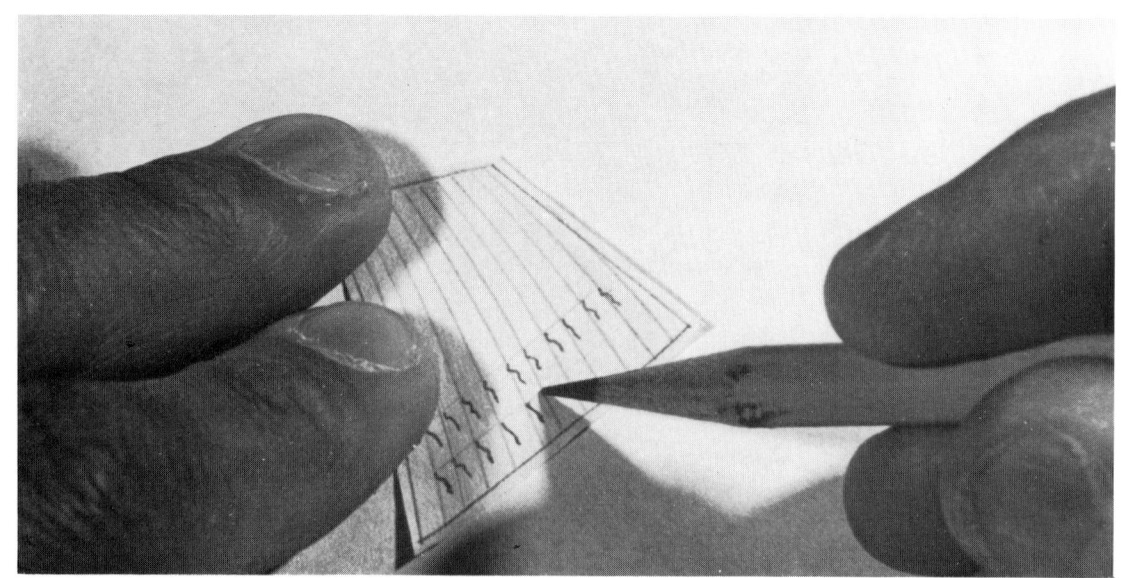

Nähte und Reffbändsel werden aufgezeichnet

Man macht das Segel etwas bauchig, indem man es über
einen Bleistift rollt

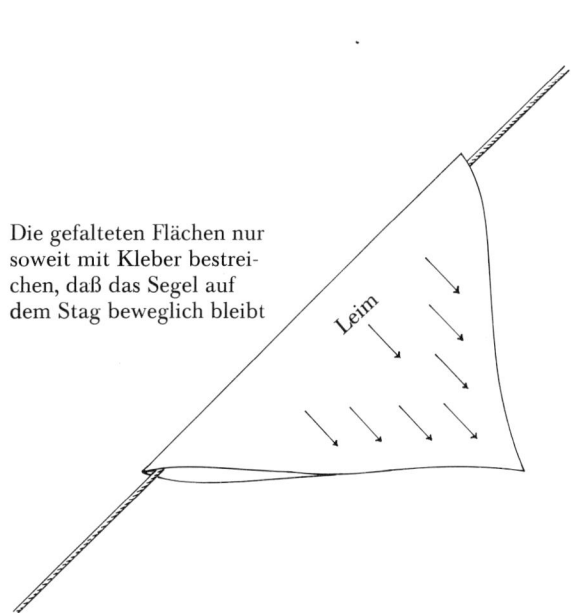

Die gefalteten Flächen nur soweit mit Kleber bestreichen, daß das Segel auf dem Stag beweglich bleibt

Leim

Klebestellen von Stagsegeln und Klüvern

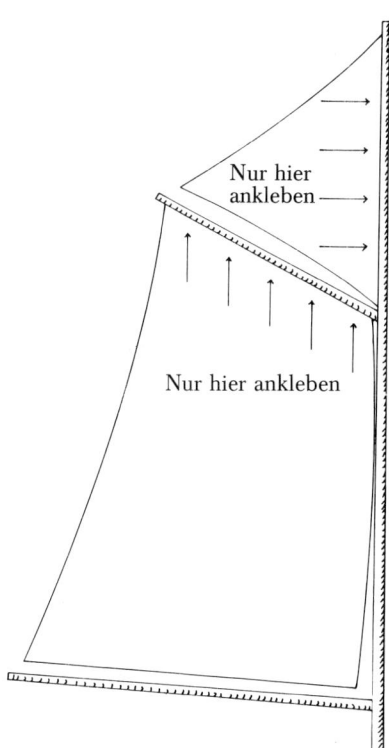

Nur hier ankleben

Nur hier ankleben

Die Klebekanten der Segel im Gaffelrigg

Wenn die Segel ausgemessen und aufgezeichnet sind, sollte man sie nach dem Ausschneiden gleich an ihren Platz halten, damit man auch sicher ist, daß sie wirklich passen. Man nimmt dann einen gut angespitzten Bleistift zur Hand und zeichnet auf beiden Seiten des Segels ganz vorsichtig die Nahtlinien und Reffbändsel ein. Diese Linien werden aus freier Hand gezeichnet; sie sind für das möglichst echte Aussehen des Modells von großer Bedeutung.

Ehe man die Segel anklebt, versieht man sie andeutungsweise mit einem Bauch, wie er durch den Druck des Windes auf ein Segel zu entstehen pflegt. Man erreicht diesen Effekt einfach dadurch, daß man das Segel um einen Bleistift wickelt und leicht hin- und herrollt.

Man klebt die Segel mit dünn verstrichenem Nagellack an ihren Platz. Dazu muß man allerdings wissen, mit welcher Kante sie überhaupt befestigt werden, denn

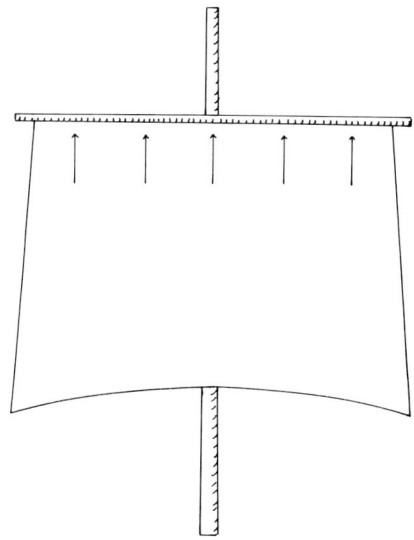

Die Klebekanten der Rahsegel

**Mit einem Cocktail-Spießchen wird Nagellack auf die
Oberkante des Segels gestrichen**

würde man sie jetzt an allen Seiten festkleben, so gäbe
es Schwierigkeiten beim Mastlegen und -stellen. Segel
mit Spieren werden deshalb nur an einer Kante mit einer der Spieren verklebt; das Rahsegel ist ohnehin nur
an der Rah fest, und die Stagsegel muß man so anbringen, daß sie auf ihrem Stag beweglich bleiben. Sie
bestehen aus einem zusammengefalteten Papier, in
dessen Knick das Stag läuft. Die Innenflächen werden
so aufeinandergeklebt, daß der Kleber mit dem Stag
nicht in Berührung kommt.

Das fertige Modell

Oft geht der Bauch des Stagsegels beim Kleben verloren, man muß ihn dann mit der Hand ein wenig zurechtdrücken, solange der Kleber noch feucht ist.

Sind die Segel gesetzt, so ist das kleine Schiff beinahe fertig. Um ihm den letzten Schliff zu geben, betupft man die Spitzen der Rundhölzer ein wenig mit weißer Farbe, damit sie sich besser abheben. Hat man sich eine Fahne zurechtgeschnitten, so ist es jetzt Zeit, sie zu setzen. Ein feierlicher Moment! Jetzt ist das Schiffchen klar zum Stapellauf in die Flasche.

DER WEG IN DIE FLASCHE

Mit einem Strohhalm bringt man Weißleim in die Flasche

Die Masten sind gelegt; das Schiff ist fertig für die Flasche

Holen Sie nun die Flasche von dort wieder hervor, wo das Kitt–„Meer" inzwischen genügend Zeit zum Antrocknen gehabt hat. Das für den Schiffsrumpf vorbereitete Bett wird dünn mit Weißleim bestrichen, was ganz einfach geht, wenn man sich einen Trinkhalm nimmt und damit etwas Leim ansaugt; am zweckmäßigsten ist hier natürlich ein durchsichtiger Halm. Man hält den Daumen so lange auf das Mundstück, bis man das andere Ende in der Flasche über das Bett dirigiert hat.

Nimmt man jetzt den Daumen von der Öffnung, so läuft der Leim aus, meist ohne daß man mit Blasen nachhelfen muß. Dieser Klebstoff wird nach dem Härten ganz durchsichtig, man braucht also nicht gerade vorsichtig damit umzugehen. Es sieht sogar gut aus, wenn etwas Leim an den Seiten hervorquillt, nachdem das Modell auf der richtigen Stelle festgedrückt wurde.

Noch während das Schiff auf dem Arbeitsstand befestigt ist, löst man die unten aufgewickelten Vorleinen und macht sich vorsichtig an das Legen der Masten. Man arbeitet sich vom achteren Mast aus vor, wobei man immer darauf achten muß, daß die Segel nicht verknicken. Alle Spieren müssen behutsam in Längsschiffsrichtung gebracht werden. Nachdem die Masten gelegt sind, läßt man die Segel seitlich am Rumpf überlappen.

Nun kann das Schiff vom Werkstand gelöst werden. Man wickelt die überlappenden Segel ganz um den Rumpf und schiebt das Schiff mit dem Heck voran bis zu zwei Drittel seiner Länge in den Flaschenhals hinein.

Mit der Modellzange greift man jetzt den noch herausschauenden vorderen Teil des Rumpfes, und zwar so, daß Segel und Fäden nicht mit eingeklemmt werden, denn man kann den Rumpf ja nicht mehr loslassen, bis er auf seinem Platz sitzt. Hat man ihn mit der Zange ganz in das Flascheninnere hineingeschoben und

Auf dem Weg durch den Flaschenhals

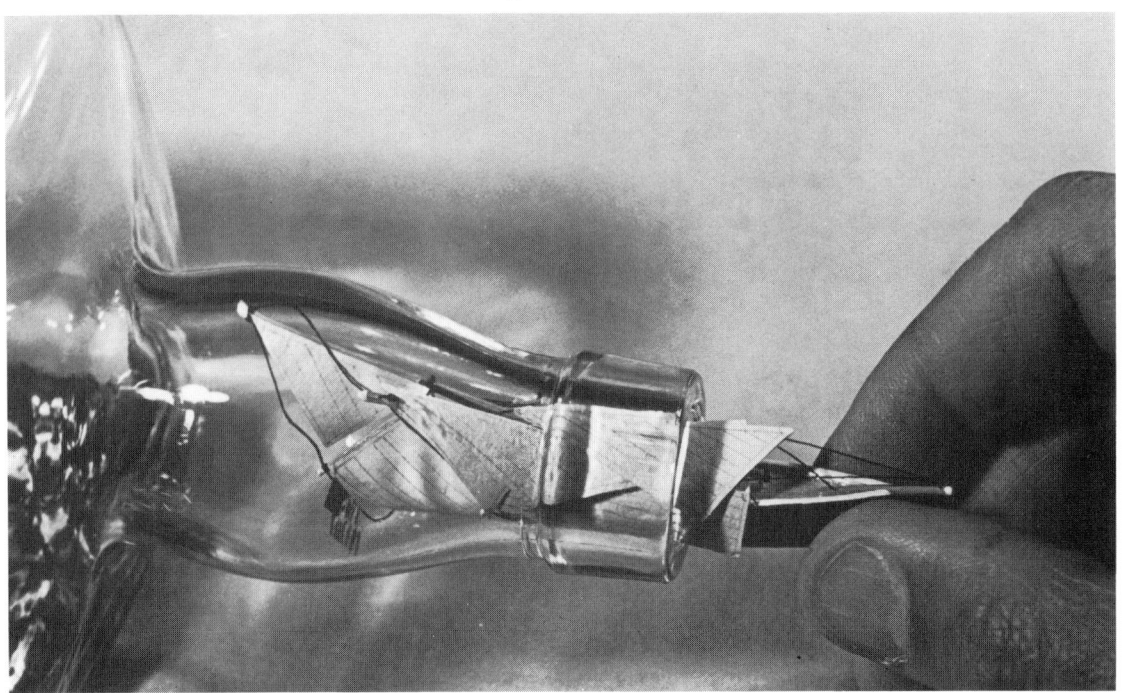

**In der Flasche werden die Masten gestellt, während
man das Schiff mit der Modellzange festhält**

auf die geleimte Fläche gestellt, so werden die Masten
gleich wieder gesetzt. Dazu muß das Schiff aber immer
noch mit der Zange festgehalten werden. Man kann
sich nur wünschen, daß die Segel und die Fäden nicht
mit dem feuchten Leim in Berührung kommen, der
beim Hineinpressen des Schiffskörpers an der Seite
herausquillt. Wenn sich dagegen in der Takelung etwas
verheddert hat, so ist das nicht so tragisch; mit einem
geschickt gebogenen Draht kann man fast alles repa-
rieren, wenn das Schiff erst einmal auf seinem Platz fest
angetrocknet ist.

Das Modell steht fest auf seinem Platz; die Masten sind gesetzt

Steht das Modell in seinem klebrigen Bett auf dem endgültigen Platz, so hat die Modellzange ihre Dienste getan. Man nimmt jetzt den zurechtgebogenen Hilfsdraht zur Hand, setzt seine Spitze aufs Deck und drückt das Modell kräftig fest. Sollte man gerade jetzt bemerken, daß am Modell etwas nicht stimmt oder etwas fehlt, so ist auch das kein Grund zur Verzweiflung. Das einzige Problem, das beim Herausnehmen auftaucht, ist die Reinigung der mit Leim bestrichenen Flächen; die Innenwände der Flasche und des Halses werden wie gehabt mit einem am Draht befestigten Papiertaschentuch ausgewischt. Steht das Schiff aber glücklich an seinem Platz, so dreht man es ein wenig ab vom Wind, damit die Szene realistischer wirkt, und läßt die Flasche über Nacht zum Antrocknen stehen.

Es ist sehr wichtig, daß die Längsachse des Schiffes möglichst genau mit der Längsachse der Flasche übereinstimmt, sonst kann es passieren, daß man beim Mastsetzen das Bugspriet schiefzieht. Das Bugspriet kann ja sehr leicht zerbrechen, weil es aus dünnem Holz hergestellt und durch die Löcher noch zusätzlich geschwächt ist. Zu diesem Zeitpunkt wäre es schon gewissermaßen tragisch, wenn das Bugspriet zerbre-

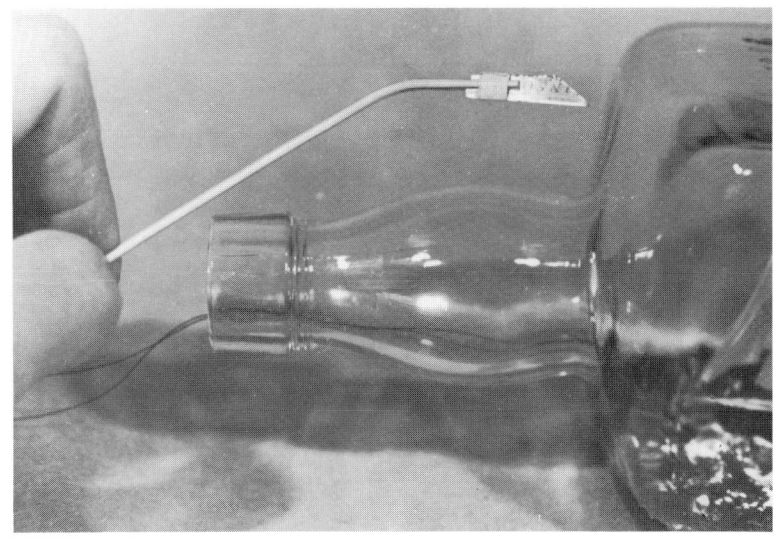

Mit dem Splitter einer Rasier-
klinge, befestigt an einem Draht,
werden die überflüssigen
Fäden abgeschnitten

chen sollte, denn das Schiff ist ja schon so fest in der
Flasche, daß es nur mit leichter Gewalt wieder heraus-
gerissen werden könnte.

Wenn der Klebstoff hart ist, gelten die letzten Hand-
griffe dem richtigen Trimm des Riggs. Man zieht an
jedem einzelnen der heraushängenden Fäden, bis man
ganz sicher ist, daß sich die Masten vollständig aufge-
richtet haben. Die Fäden müssen jetzt eine ganze Weile
unter Zug bleiben, deshalb sichert man sie mit Klebeband an der Außenseite des Flaschenhalses. Mit einem
dünnen Holzstückchen oder einem Draht tupft man
jetzt ein wenig Nagellack überall dorthin, wo die Stage
durch das Bugspriet laufen. Nach mindestens 30 Minuten Wartezeit löst man zur Probe die Fäden außen an
der Flasche, damit man auch ganz sicher sein kann, daß
die Masten aufrecht stehen bleiben. Dann schneidet
man überflüssige Fäden direkt unterm Bugspriet ab.

Dazu bedient man sich eines Splitters aus einer Ra-
sierklinge, den man an einem Draht befestigt. Der letzte
Schritt vorm Versiegeln der Flasche besteht nun im
Trimm der Segel, die in die richtige Stellung zum Wind
gebracht werden müssen. – Dazu benutzt man wieder
den gebogenen Hilfsdraht.

VERSIEGELN DER FLASCHE UND DER LETZTE SCHLIFF

Geschmolzener Siegellack tropft auf den Korken

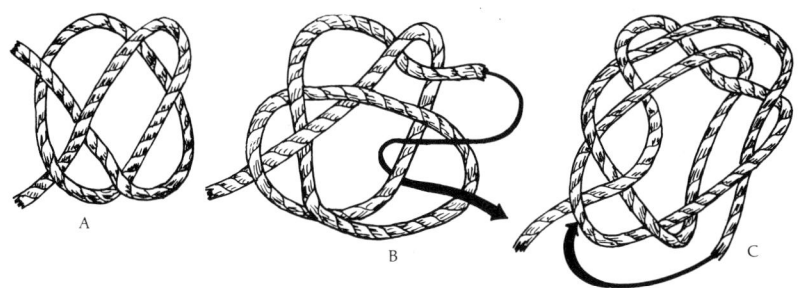

Der Arbeitstampen A wird stets von außen nach innen unter Part 1 hindurchgezogen; Part 1 liegt immer unten, Part 2 wird immer darübergeschoben, so daß der Arbeitstampen A mal von links, mal von rechts unter Part 1 gebracht wird. Ist man mit A wieder am Anfang angelangt, so läuft A noch zweimal parallel zum Anfangstampen um den Flaschenhals herum.
(s. auch Sondheim „Knoten-Spleissen-Takeln" Verlag Klasing & Co)

Ein häufig angebrachter Zierknoten: der Türkenbund

Die Flasche wird mit einem engschließenden Korken verschlossen, den man knapp 1 cm weit in den Flaschenhals hineinschiebt und dann glatt abschneidet. Zum Versiegeln schmilzt man Siegellack über einer Kerzenflamme oder drückt die Stange Siegellack gegen ein Stück heißes Metall und läßt die Tropfen auf den Korken fallen. Ein Lötkolben ist für diesen Zweck ein ganz ideales Gerät.

Geschmolzener Siegellack härtet nur langsam, daher empfiehlt es sich, mit dem Glätten ruhig so lange zu warten, bis der ganze Mund der Flasche mit Siegellack bedeckt ist. Zum Glätten nimmt man eine Messerklinge, mit der man den noch plastischen Lack sozusagen bügelt. Hat man einen kleinen Anker oder ein anderes nautisches Emblem zur Hand, so kann man es als zusätzliche Verzierung in den heißen Lack drücken; Muster von Knöpfen, Medaillen und Schmuckstücken eignen sich oft sehr gut dazu. Ebensogut kann man seine eigenen Entwürfe in Linoleum schneiden, möglicherweise mit den eigenen Initialen, und sie mit einem der Motive aus diesem Buch schmücken. Um solchen Schmuck anbringen zu können, sollte man auch Flaschen mit Schraubverschluß gründlich versiegeln, zumal Schraubverschlüsse nicht gerade sehr altertümlich aussehen.

Beschriftung am Boden der Flasche   **Beschriftung auf der Unterseite der Flasche**

Ein besonders schöner Abschluß dieser Arbeit wird erzielt, wenn man den Flaschenhals mit einem Türkenbund verziert. Der Türkenbund ist ein Zierknoten, für den man eine ca. 1,20 m lange Schnur von etwa 3 mm Durchmesser braucht, wie sie zum Beispiel zum Angeln mit starken Haken verwendet wird; sie sollte nach Möglichkeit aus Naturfasern gedreht sein.

Die Herstellung des Knotens nach der Zeichnung wird erleichtert, wenn man die Enden der Schnur mit Nagellack tränkt, denn sie müssen sehr oft untereinander durchgezogen werden. Läuft die Schnur zuletzt doppelt und dreifach nebeneinander, so braucht man ein größeres, nadelähnliches Hilfsgerät, mit dem man der Schnurspitze vorm Durchstecken erst einmal etwas Platz schafft. Solch ein Gerät nennt man Marlspieker; es verjüngt sich zur Spitze hin kegelförmig und ist entweder aus Holz oder aus Eisen. Für den hier beschriebenen Zweck reicht das Ende eines hölzernen Federhalters oder Tuschpinsels voll aus.

Sicherlich wird man das Produkt solcher mühseligen Arbeit mit seinem Namen, dem Datum, dem Schiffsnamen und vielleicht mit noch weiteren Angaben versehen wollen. Dazu braucht man nicht viel mehr als einen Tropfen verdünnten Lacks, in den man eine alte Schreibfeder eintunkt und auf den Boden oder auf die Unterseite der Flasche die gewünschte Beschriftung aufträgt. Hat man besonders viel Ehrgeiz, so kann man sich ein Stückchen Kupfer etwa von der Größe des Korken-Durchmessers zurechtschneiden und die Worte von einem Juwelier eingravieren lassen. Das kostet zwar ein paar Mark, doch für ein attraktives Modell lohnt diese Ausgabe durchaus. Das fertige Kupferstückchen erhitzt man und drückt es über dem Korken in den Siegellack hinein. Zum Schluß reibt man mit einem Lappen ein wenig schwarze Farbe in die Gravur, damit sich die Buchstaben deutlich abheben.

Die fertige Flasche

DER SCHAUSTAND

Zur sicheren und wirkungsvollen Aufstellung des Modells gehört ein Sockel oder ein richtiger Stand. Da gibt es wieder eine Vielzahl verschiedenster Möglichkeiten, und auch hier hängt die Wahl der geeigneten Form von vielen Dingen ab. Man muß bei der Planung beachten, daß der Schaustand das Gesamtbild sehr beeinflussen wird, ist doch der Stand neben der eigentlichen Flasche der größte Gegenstand, längst aber nicht der wichtigste. Ein allzu komplizierter und übermäßig geschmückter Stand lenkt leicht von der schlichten Schönheit des Schiffsmodelles ab. Es sollte also der einfachere Entwurf den Vorzug haben, und die Baumaterialien sollten ins Gesamtbild passen. Das bedeutet, daß für den Bau des Standes nur Holz und Tauwerk in Frage kommen; Plexiglas und Plastik sollte man meiden, diese Stoffe eignen sich besser für Flugzeugmodelle.

Es gibt zwei Arten von Schauständen: solche zum Hinstellen auf eine flache Unterlage (Tisch, Pult, Kaminsims) und solche zum Hängen. Die Illustrationen zu diesem Kapitel zeigen einige grundsätzliche Möglichkeiten auf, die natürlich für jede Flasche, für jedes Modell und für jeden Aufstellungsort anders aussehen und entsprechend abgeändert werden müssen. Für welche Art des Standes man sich auch immer entscheiden mag – man sollte nie vergessen, daß die Wirkung eines aufgestellten Flaschenschiffes von der Einheitlichkeit des Entwurfs abhängig ist. Das Flaschenschiff, der Stand und das Material, das man dafür verarbeitet, sollen sich ja gegenseitig ergänzen, ohne voneinander abzulenken und ohne das Gesamtbild zu überladen. Herrliche Schnitzereien am Stand sind sicher wunderbar, lenken aber vom eigentlichen Modell ab und gehören deshalb nicht hierher.

Um ein ausgewogenes Gesamtbild zu erreichen, sollte man den Stand nur wenig über die Enden der Flasche hinausragen lassen. Für eine Flasche von 25 bis 30 cm Länge gibt man an beiden Enden höchstens 2 cm zu, für eine kleinere Flasche entsprechend weniger.

Die Breite der Grundfläche hängt ganz von der Art der Flasche ab. Ist die Flasche flach, so gibt man 1 cm an jeder Seite zu, ist die Flasche rund, dann sollte die Grundfläche die gleiche Breite haben wie der Durchmesser der Flasche. Wegen der Krümmung ist dann immer noch genug vom Holz zu sehen.

Auch die Stärke der Grundfläche muß in einem vernünftigen Verhältnis zu den Gesamtmaßen stehen. Für eine Flasche von normaler Größe sollte das Holz nicht dicker als 2 cm sein; zierlichere Flaschen dagegen vertragen keine so wuchtige Unterlage.

Das Holz selbst muß sich natürlich auch ins Gesamtbild einfügen. Dabei spielt besonders die Beschaffung eine Rolle, auch die Kosten und die Eigenschaften des Holzes beim Bearbeiten wollen berücksichtigt sein. Helles Kiefernholz ist überall leicht zu bekommen, ist billig, leicht zu verarbeiten und läßt sich mit Beize auf fast jeden gewünschten Farbton bringen. Mahagoni ist natürlich etwas teurer, läßt sich herrlich verarbeiten und hat eine sehr schöne Farbe; außerdem findet es in allen möglichen Bereichen der Seefahrt Verwendung. Teakholz ist ebenfalls ein typisch nautisches Material, aber es ist teuer und wegen seines hohen Mineralgehalts sehr schwer zu verarbeiten. Für Teakholz sollte man sich nur entscheiden, wenn man über entsprechend gute Gerätschaften verfügt.

Es gibt allerlei Methoden, ganz normalem Fichtenholz einen antiken Anstrich zu geben, doch haben alle

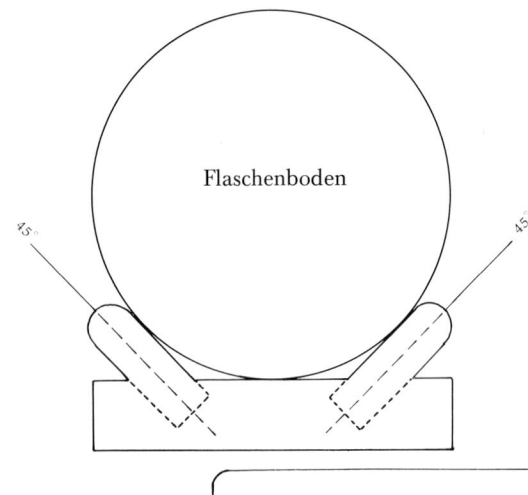

Einen ebenso einfachen wie sicheren Stand für die Flasche kann man sich mit Dübelhölzern bauen, die man im Winkel von 45° in die Grundplatte einläßt. Je nach Größe der Flasche verwendet man Hölzer mit einem Durchmesser von 10 bis 14 mm; mit einem Holzbohrer gleichen Durchmessers bohrt man vor und treibt den Dübel mit Weißleim in das Bohrloch. Wegen seines einfachen Aussehens macht sich dieser Stand besser, wenn er von Tauwerk eingefaßt wird.

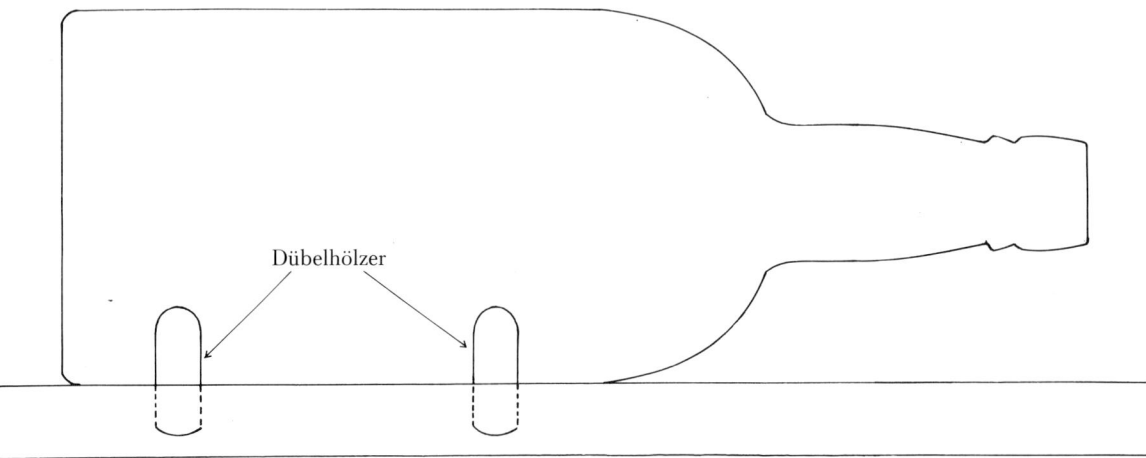

Schaustand aus Dübelhölzern

diese Methoden den Fehler, daß die behandelten Hölzer auf den zweiten Blick recht unecht aussehen. Letztlich ist die Behandlung der Oberfläche Geschmacksache; wenn man aber vom Anblick seines gebeizten und lackierten Holzes nicht befriedigt ist, sollte man lieber eine andere Holzart wählen oder den Stand farbig lackieren, statt sein Holz künstlich zu altern.

Zum Schmuck kann man den Stand rundherum mit Tauwerk einfassen, wenn die Holzoberfläche erst einmal den letzten Schliff bekommen hat. Die Wahl des

Dieser Stand besteht aus drei Holzstücken gleicher Stärke; die Grundplatte ist seitlich in die Stützen eingelassen. Je nach Länge der Flasche kann man die Grundplatte länger oder kürzer schneiden, die Brettstärke sollte 1,5 bis 2 cm betragen. Damit die Flasche sicherer liegt, wird eine Rundung von etwa 1 cm Tiefe in die Stützen eingelassen.
An der Grundplatte läßt sich seitlich gut eine Beschriftung aufbringen.

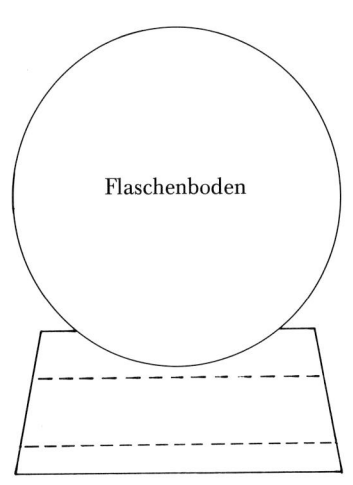

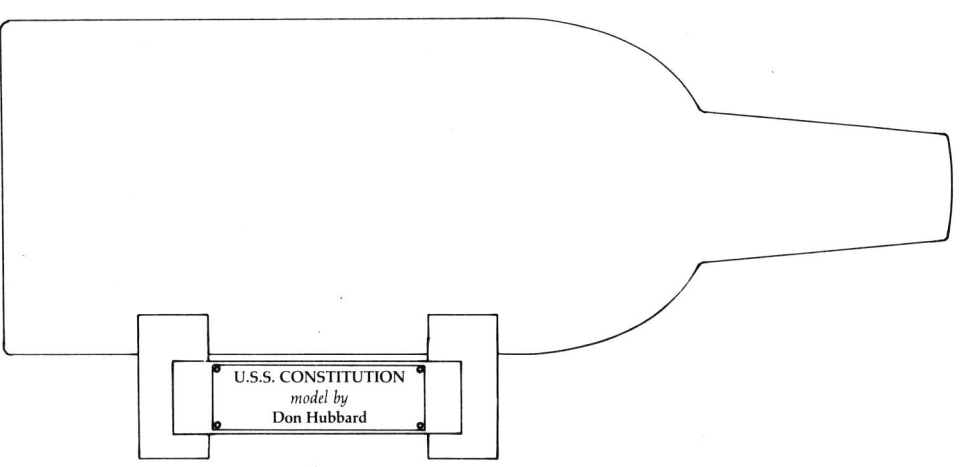

Schaustand aus zwei Stützen und seitlich eingelassener Grundplatte

Tauwerks ist wiederum Geschmacksache. Legt man Wert auf echtes, altertümliches Aussehen, so kommt nur Tauwerk aus Naturfaser in Frage, Manila, Baumwolle, Kokos oder Hanf, in jedem Fall aber geschlagenes („gedrehtes"), nicht aber geflochtenes Tauwerk. Das gleiche gilt für Kunststofftauwerk; man wird nach einem geschlagenen weißen Tau suchen müssen (es gibt viele farbige oder farbig durchsetzte Kunststofftaue, die nicht zu einem Flaschenschiff passen).

Dieser Stand ist zwar nicht einfach zu bauen, aber er stellt die denkbar sicherste Verankerung der Flasche dar. Der Flaschenboden ist in ein gerundetes Brett eingelassen, das für diesen Zweck auf die halbe Brettstärke ausgestemmt wurde. Der Flaschenhals wird durch die freien Enden der Schnur gehalten, die noch aus dem Türkenbund heraushängen; man belegt sie auf einer kleinen Klampe unter der Flasche.

Der Flaschenboden ist in die hintere Stütze eingelassen, wodurch die Flasche sehr sicher verankert ist

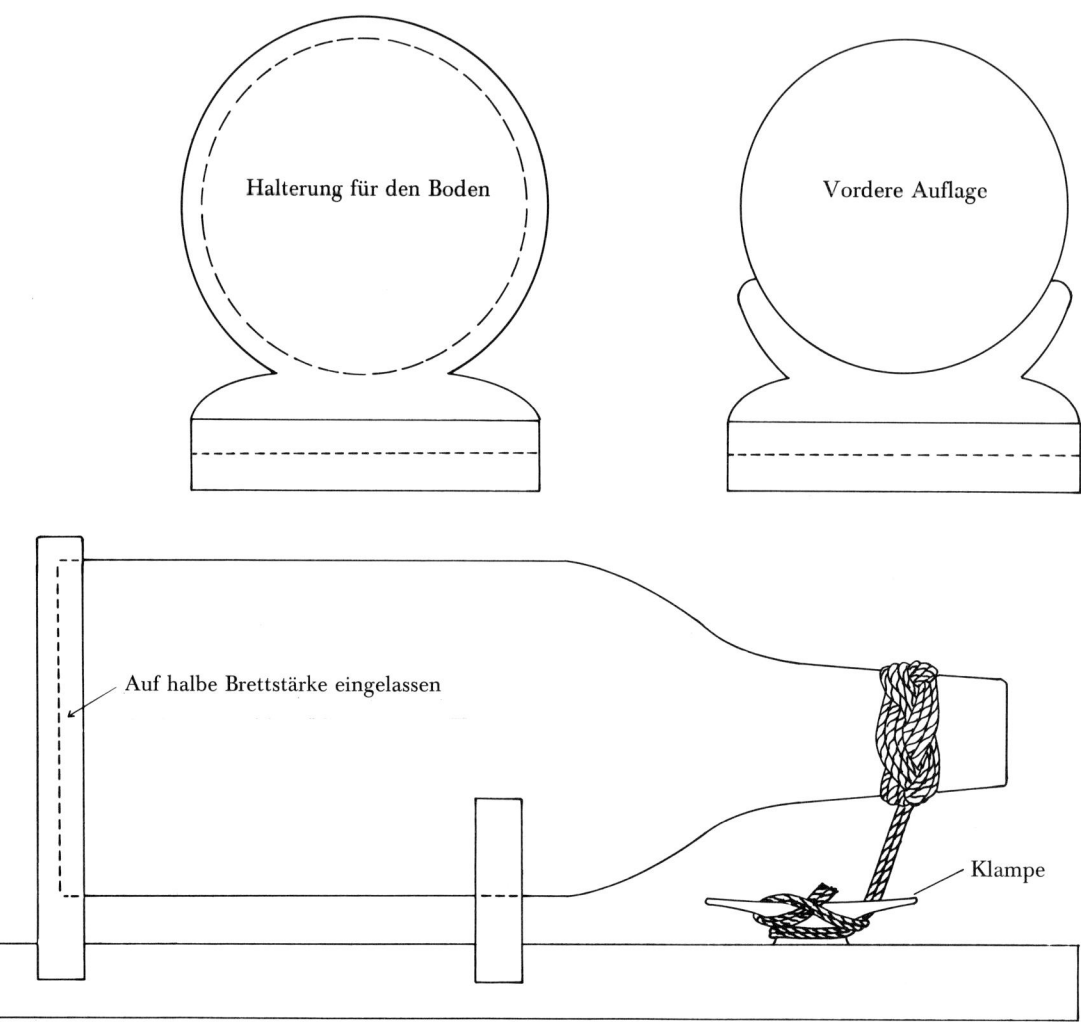

Halterung für den Boden

Vordere Auflage

Auf halbe Brettstärke eingelassen

Klampe

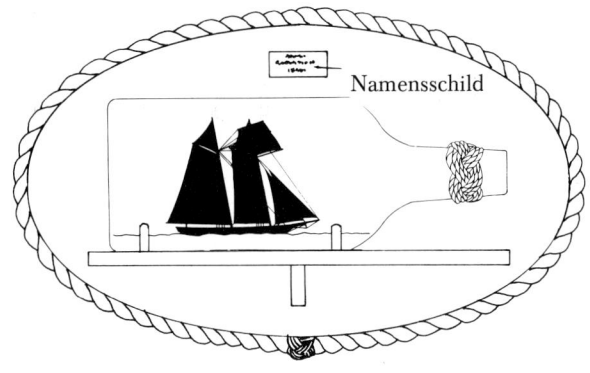

Namensschild

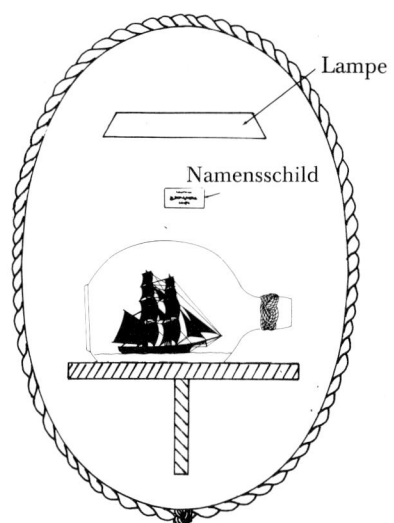

Lampe

Namensschild

Aufhängung an der Wand

Der Durchmesser des Tauwerks sollte jeweils etwas kleiner sein als der Durchmesser der Grundplatte. Die Länge muß sorgfältig abgemessen werden, damit sich beide Enden nachher genau berühren. Wer in seemännischen Handarbeiten noch nicht so bewandert ist, um die Enden mit Taklingen aus Takelgarn zu umnähen oder gar zu verspleißen, muß sich irgendwie behelfen, damit sich das Tauwerk an den Enden nicht aufdreht. Kunststofftauwerk hält man mit der Schnittfläche über eine offene Flamme oder auch auf den Lötkolben, um die Enden der Faser miteinander zu verschmelzen, vor dem Erhärten läßt sich der entstandene Klumpen noch mit einem feuchten Lappen formen. Naturfasern kann man zur Not wie die Fadenenden mit Nagellack tränken. Möchte man die aufeinanderstoßenden Enden mit einem Türkenbund bekleiden, so vernäht man die Enden vorher miteinander. Dann wird das Tau um den Stand herumgenagelt, wozu man besser nichtrostende Nägel nimmt, zum Beispiel aus Messing oder Kupfer, damit später keine Rostflecke auftreten.

Soll der Stand auf einer flachen Unterlage stehen, dann versieht man ihn nach Möglichkeit von unten mit selbstklebenden Filzplättchen, damit er sicherer steht und keine Schrammen auf polierten Oberflächen hinterläßt.

Zwei verschiedene Möglichkeiten, Flaschenschiffe an der Wand zu plazieren. Mit Rücksicht auf das Gesamtgewicht sollte das Wandbrett nicht viel stärker als 1 cm sein. Für die Aufhängung braucht man starke, sicher befestigte Wandhaken.

Wegen des großen Interesses, das diese kleinen Schiffe nun einmal erregen, ist es Gästen und Besuchern gegenüber eine freundliche Geste, wenn man das Modell so aufstellt, daß es ohne Schwierigkeiten von allen Seiten her gut betrachtet werden kann.

Oft wird es notwendig, für eine passende Beleuchtung zu sorgen. Punktstrahler eignen sich dafür besonders gut, weil sie überall im Raum angebracht werden können und weil der helle Lichtfleck das Flaschenschiff vor den übrigen Gegenständen sehr schön heraushebt. Für an der Wand befestigte Modelle ist es manchmal günstig, gleich eine kleine Lampe mit auf dem Wandbrett einzuplanen, wie man sie auch zum Anstrahlen von Bildern in Museen anbringt.

Will man der Winzigkeit des Modells größte Gerechtigkeit widerfahren lassen, dann muß man die Flasche so aufstellen, daß sie nicht in direktem Wettbewerb mit anderen Kunstschätzen und ablenkenden Gegenständen steht. Es geht auch immer auf Kosten des Modells, wenn man die Flasche mit nautischen Gegenständen, Muscheln oder Gemälden umgibt.

Besondere Gedanken zur Aufstellung muß man sich machen, wenn man häufig Kinderbesuch hat oder wenn Kinder zum Haushalt gehören, denn die Attraktivität kann dem Flaschenschiff dann leicht zum Verhängnis werden. Man kann nur dringend dazu raten, Flaschenschiffe so aufzustellen, daß sie für Kinder außerhalb der Reichweite stehen. Unter manchen Umständen lohnt es sich immer, das Schiff auf seinem Schaustand und den Schaustand auf seiner Unterlage sicher zu befestigen.

Bei jeder Art von Aufstellung sollte man aber immer darauf achten, daß das Modell an seinem Platz gut zur Wirkung kommt. Beherzigt man diesen Rat, so wird die Ausstrahlung des kleinen Schiffes seinen Erbauer bald wieder an die Werkbank zurückbringen, um in aller Ruhe den Bau des nächsten Modells in Angriff zu nehmen.

DER EIGENE ENTWURF

Das letzte Hindernis, das den Modellbauer von der Meisterschaft auf dem Gebiet der Flaschenschiffbaukunst trennt, ist die Fähigkeit, sich aus geeigneten Vorlagen selbst Entwürfe herzustellen. Im Buchhandel und in den öffentlichen Bücherhallen gibt es eine Menge Fachliteratur, Bildbände und Dokumentationen über Segelschiffe aller Art. Diese meist reichhaltig illustrierten Bücher sind für den Modellbauer wie geschaffen, wenn er sich erst einmal mit der Technik vertraut gemacht hat, seine Vorlagen maßstabgerecht zu verkleinern und, wo es nötig ist, für seine Zwecke zu vereinfachen.

Wikingerschiff

Man erwirbt sich damit die Fähigkeit, Schiffe aus allen Zeiträumen nachzubauen, angefangen bei den einmastigen, rahgetakelten Langbooten der furchtlosen Wikinger, bis hin zu den prachtvollen Riesenschiffen des 19. Jahrhunderts.

Der wesentliche Vorgang beim Zeichnen eigener Baupläne besteht im rechnerischen Umwandeln der Maße, die man aus der Vorlage abgenommen hat. Die meisten Vorlagen sind größer als das zukünftige Modell, so daß man alle in der Vorlage dargestellten Gegenstände maßstabgerecht verkleinern muß. Damit der erste Versuch in dieser Richtung nicht zugleich zu schwierig wird, bemüht man sich am besten um eine genaue Seitenansicht. Es ist durchaus möglich, ein ziemlich genaues Modell von einer Winkelansicht eines Schiffes herzustellen, aber es hängt sehr vom Glück, vom allgemeinen Wissen über Schiffe und vom Gefühl für Rumpfformen ab, ob man die optischen Verzerrungen einer Fotografie in der Bauzeichnung und beim Bau selbst wieder ausgleichen kann. Zumindest für den

91

Anfang ist es also zweckmäßiger, nach genauen Seiten-ansichten zu suchen; ideal ist es natürlich, wenn dazu noch eine Front- und eine Decksansicht zu haben sind.

Die Technik des maßstabgerechten Verkleinerns oder Vergrößerns ist einfach und hängt ab von der Fest-legung der richtigen Größenverhältnisse zwischen der Vorlage und dem geplanten Modell. Dabei geht man aus vom Verhältnis der verschiedenen Rumpflängen zueinander. Hat der Rumpf in der Vorlage, dessen Län-ge in der Formel mit V angegeben wird, zum Beispiel 110 mm Länge und soll der Rumpf des Modells (M) nur 70 mm lang sein, so verkleinert man alle beliebigen Gegenstände aus der Vorlage im Verhältnis 110/70 auf Modellgröße. Möchte man beispielsweise die Höhe des Großmastes für das Modell errechnen (G) und mißt in der Vorlage dafür 98 mm (Großmast der Vorlage G_1), so errechnet man die unbekannte Größe aus folgen-der Formel:

$$\frac{G}{G_1} = \frac{M}{V}$$

Setzt man die bekannten Zahlen ein, so entsteht eine Gleichung mit einer Unbekannten:

$$\frac{G}{98} = \frac{70}{110} \quad \text{(Millimeter)}$$

Durch Umformen ergibt sich:

$$G = \frac{98 \times 70}{110}$$

Der Großmast des Modells (G) ist also 62,4 mm hoch.

Besonders einfach wird die ganze Rechnerei, wenn man sich dafür eines Rechenschiebers bedient. Man stellt ihn ein auf das Grundverhältnis 110/70 und kann jetzt für jede beliebige Maßzahl aus der Vorlage die entsprechende Maßzahl fürs Modell direkt ablesen, ohne rechnen oder den Rechenschieber weiter bedienen zu müssen. Die geplante Größe des Modells hängt na-türlich wieder von den Maßen der Flasche ab. Geht man erst einmal von einer Rumpflänge zwischen 65 und 75 mm aus, so liegt man in den meisten Fällen schon ganz richtig. Mit Bugspriet und achtern überhängendem Besan- oder Großbaum kommt so ein Modell auf eine Gesamtlänge von 100 mm. Damit ist eine normal große Flasche schon gut gefüllt, und es bleibt trotzdem genug Platz, damit das Modell noch „segeln" kann. Mit wesentlich kleineren Modellen arbeitet es sich sehr schwierig, größere Modelle dagegen haben wiederum höhere Masten, die sich nur in wenigen Flaschen stellen lassen.

Arabische Dhau

Hat man sich erst einmal ein wenig mit der Verhältnisrechnung angefreundet, so fällt es nicht schwer, alle übrigen Maße in die Modellzeichnung einzutragen. Man benötigt mindestens die Höhen der einzelnen Masten, die Längen der Rahen und Spieren und des Bugspriets, die Stellung der Masten jeweils vom Bug und Heck aus gemessen sowie die Maße aller übrigen Gegenstände, die im Modell wiedergegeben werden sollen. Bevor man die Masten einzeichnet, muß man sich vergewissern, ob sie im rechten Winkel zur Wasseroberfläche stehen oder achterlichen Fall haben; zur Wiedergabe eines Gaffelsegels mißt man besser auch den Winkel zwischen Mast und Baum oder Mast und Gaffel, denn was an diesen Stellen nicht stimmt, fällt zu allererst auf.

Aus den vorhandenen Maßen setzt man sich seinen Bauplan zusammen, nicht ohne dabei noch weitere Detailmaße abnehmen zu müssen. Zuerst zeichnet man die Wasserlinie und trägt darauf die Rumpflänge ab; an den Endpunkten zieht man je eine senkrechte Hilfslinie nach oben und deutet mittschiffs je nach Schiffstyp etwa 5 bis 6 mm über der Wasserlinie den Verlauf des Schanzkleids an. Diese Linie steigt ja zum Bug und Heck hin an, mittschiffs ist sie aber meist nicht gekrümmt. Da der Decksssprung von Schiff zu Schiff variiert, ist dies einer der Punkte, wo man sich in die Sache einfühlen und selbst entscheiden muß. Natürlich kann man an mehreren Punkten den Abstand zwischen Schanze und Wasserlinie messen, die Maße entsprechend übertragen und die entstandenen Punkte mit einem Kurvenlineal verbinden. Aber man sollte sich so früh wie möglich darin üben, möglichst viele Linien aus freier Hand zu zeichnen, denn auf diese Weise muß man nicht nur genauer beobachten und lernt den Schiffstyp besser kennen, sondern man erspart sich auch endlose Rechnereien, wenn es an kompliziertere Schiffsformen geht.

Besonders den Schiffsenden, also Bug und Heck, sollte man große Aufmerksamkeit zuwenden und sie so genau wie möglich abzeichnen. Bei der Verwendung eines Kurvenlineals muß bedacht werden, daß sich die Krümmungsradien ebenfalls verändern. – Man zieht die Umrißlinien von Bug und Heck bis etwa 2 mm unter die Wasserlinie und verbindet beide Endpunkte mit einer Linie. Wenn man später das Schiff in die Flasche einsetzt, steht es in Höhe dieser Linie mit seiner Bodenfläche auf dem Kittbett.

Nachdem die Seitenansicht des Rumpfes fertig ist, zeichnet man alle anderen Gegenstände ein, deren Maße feststehen, wobei man ständig die Winkel zur Wasseroberfläche kontrollieren sollte. Der Winkelmesser ist beim maßstabgerechten Verkleinern überhaupt sehr praktisch, denn der Winkel ist ja das einzige Maß, das sich nicht von Zeichnung zu Zeichnung verändert. Um ein Gaffelsegel korrekt wiederzugeben, braucht man entweder drei Seitenmaße und zwei Winkel (die sich direkt übertragen lassen) oder aber vier Seiten- und ein Diagonalmaß.

Die wichtigste Kontrolle über die gezeichneten Gegenstände bleibt trotz aller Meß-Tricks immer das Augenmaß, denn bei diesen kleinen Maßstäben genügt eine Ungenauigkeit von 1 bis 2 mm, um aus einem gefälligen Entwurf eine groteske Wiedergabe zu machen.

Schon in der Zeichnung muß man sich vergewissern, ob die Masten frei nach achtern zu legen sind (hohe Aufbauten sind daher sehr hinderlich); wichtig für das Aussehen ist besonders der Winkel, in dem das Bugspriet übers Wasser zeigt.

Sind die wichtigsten Gegenstände dargestellt, so zeichnet man Stage und Wanten ein, wobei man sich wieder soweit wie möglich an die Vorlage halten sollte. Es wurde allerdings in einem vorangegangenen Kapitel schon erwähnt, daß man die Wanten nicht weiter vorlich als querab vom Mast anbringen darf, weil er sich sonst nicht mehr legen läßt.

Die Wantlöcher im Mast sollten aber genug Abstand von den übrigen Löchern für Gaffeln, Rahen und Stage haben, sonst wird der Mast in diesem Bereich zu sehr geschwächt. Auf den Plänen in diesem Buch haben alle diese Löcher mindestens 2 mm Abstand voneinander oder noch mehr.

Das Zeichnen der Stage erfordert auch einige Überlegungen. Legt man den Original-Verlauf zugrunde, so muß man an jedem einzelnen Stag überprüfen, ob es dem Klappen der Masten Widerstand entgegensetzt. Ein zwischen zwei Masten befestigtes Stag muß, wie schon erwähnt, am vorderen Mast höher fest sein als am achteren, sonst lassen sich die Masten nicht legen. Das gleiche gilt für die Brassen.

Wichtig ist auch, daß die Stage jeweils kurz über den Rahen am Mast fest sind oder durch ihn hindurchlaufen, damit sie die freie Bewegung des Rahsegels nicht behindern. Für das Aufrichten der Masten in der Flasche ist es außerdem sehr hilfreich, wenn man aus der Zeichnung sehen kann, welche Stage den Mast durchlaufen und an welchen Stellen sie aus Rumpf und Bugspriet wieder herauskommen.

Hat man sich für ein rahgetakeltes Schiff entschieden, so braucht man auch die Abmessungen der einzelnen Rahen. Die meisten Zeichnungen geben diese Maße nicht her, so daß man auf eigene Schätzungen angewiesen ist.

Die Länge der Großrah übertrifft in kaum einem Falle die halbe Länge des Schiffes, sie ist aber in den meisten Fällen mindestens doppelt so lang, wie das Schiff unter ihr breit ist. Schiffe mit mehr als zwei Masten werden im Verhältnis zur Länge immer schlanker, so daß man bei einem Viermaster gut davon ausgehen kann, daß seine Großrah halb so lang ist wie sein Rumpf. Bei einer Brigg dagegen, einem zweimastigen Rahsegler also, der verhältnismäßig breit gebaut ist, ist die längste Rah kaum länger als das Maß der doppelten Schiffsbreite und niemals so lang wie der halbe Rumpf. Die kürzesten Rahen sollten aber in keinem Falle kürzer sein als das Schiff breit ist. Man kann die Rahen in den fertigen Entwurf mit einzeichnen, oder aber man zeichnet jeden Mast einzeln von vorn gesehen mit all seinen Wanten und Rahen und allen Löchern, die gebohrt werden müssen. Hat das Schiff nur zwei Masten oder nur einen, so lohnt dieses Verfahren nicht; es ist dann einfacher, alle Dinge auf einer Zeichnung zu haben. Hat man jedoch mehr als zwei Masten mit Rahsegeln, so vereinfacht man sich die ganze Sache erheblich, wenn jeder Mast seinen eigenen Bauplan bekommt.

Die letzte Zeichnung sollte die Decksansicht des Rumpfes sein. Man beginnt wieder mit einer geraden Mittellinie und zeichnet parallel dazu zwei Außenlinien ein, welche die geraden Seiten des Schiffes oder seine maximale Breite andeuten sollen, wenn es über die ganze Länge gleichmäßig gekrümmt ist. Die Breite sollte nicht größer sein als der halbe Durchmesser des Flaschenhalses, damit das Schiff nachher mit seiner gesamten Takelage noch hindurchpaßt.

Die Rumpflänge wird auf der Mittellinie abgetragen, und die nächste Schwierigkeit ist die Deckslinie. Man muß dazu wissen, daß der überwiegende Teil der Frachtensegler und übrigen Gebrauchssegler ungeheuer dickbauchig und schon in diesem Punkt mit unseren modernen Yachten nicht vergleichbar war. Nur wenige schnellsegelnde Schiffe waren wirklich scharf gebaut, wie zum Beispiel die Teeklipper, Zollkutter, Kaperschiffe und manche Fischerfahrzeuge. Das Gros der Segler aber, besonders der früheren, hatte sehr stark gerundete Enden, um möglichst viel Laderaum im Rumpf zu gewin-

nen. Wieder muß man, wenn genaue Zeichnungen hier-
über fehlen, all sein Wissen und Formempfinden spie-
len lassen, um eine dem Gesamtbild angemessene Form
zu erzielen.

Für eine genau symmetrische Deckszeichnung ist es
gar nicht schlecht, wenn man den Rohentwurf um die
Mittelachse knickt, die sichtbare halbe Deckskontur
ausschneidet und den auseinandergefalteten, nun genau
symmetrischen Decks–„Zettel" zum Ausgangspunkt
für eine neue Zeichnung nimmt.

In die fertige Gesamtzeichnung fügt man maßstabgerecht alle Details ein, die man im Modell nicht missen
möchte. Die Auswahl dafür ist groß: Man kann Deckshäuschen nachbilden und Beiboote, sogar Seilwinden
und Lukendeckel und noch kleinere Gegenstände.

Mit dem Entwurf der Segel ist das Zeichnen dann
erledigt.

Man sollte mit den Zeichnungen nicht zu sehr ins
Detail gehen, denn in der Regel unterscheidet sich der
fertige Schiffskörper in einigen Punkten leicht vom
Entwurf, so daß man häufig die Segel neu zuschneiden
muß, damit sie auch tatsächlich zum Rumpf passen.
Alles was man zum Bau wirklich braucht, ist ein zuver-
lässiges Gerippe aus Masten, Wanten, Stagen, Spieren
und Rahen; für den Rest langen skizzenhafte Andeu-
tungen im Gesamtplan.

Mit diesem Rüstzeug dürfte man nicht mehr auf
scheinbar unüberwindbare Schwierigkeiten stoßen,
wenn man sich an den Entwurf eigener Pläne macht.
Vor dem Modellbauer liegt also ein großes Feld von
Möglichkeiten, völlig neue Arbeiten in der Kunst des
Flaschenschiffbaus auszuführen und sich als Schöpfer
eines faszinierenden Mikrokosmos zu fühlen, den er
sich selbst erschlossen hat. Mit dem Wissen um die
maßstabgerechte Veränderung geeigneter Vorlagen ist
man imstande, fast haargenau jedes alte Schiff nachzu-
bilden. Damit steht der Leser dieses Buches als Modellbauer auf eigenen Beinen.

VORLAGEN UND ENTWÜRFE

Baltimore-Klipper

**Modell einer Brigg in einer
bauchigen Flasche**

Für den Modellbauer, der wenig Zeit und Gelegenheit hat, sich seine Entwürfe selbst zu zeichnen, sind einige Baupläne in Modellgröße beigefügt, die entweder berühmte einzelne Schiffe oder einen in der Seefahrt besonders wichtigen Schiffstyp zeigen. Sie machen sich alle sehr gut als Modell in der Flasche.

Wer hingegen nicht nach einem der fertigen Entwürfe bauen möchte, für den sind, teils als direkte Anregung, teils zur Veranschaulichung, einige verschiedenartige Schiffsdarstellungen angefügt und erläutert, die dem Modellbauer als Vorlage dienen können. Je nach besonderer Vorliebe, nach Fingerfertigkeit und nach der Sicherheit beim Zeichnen eigener Entwürfe hat man also freie Wahl unter allen hier angefügten Möglichkeiten.

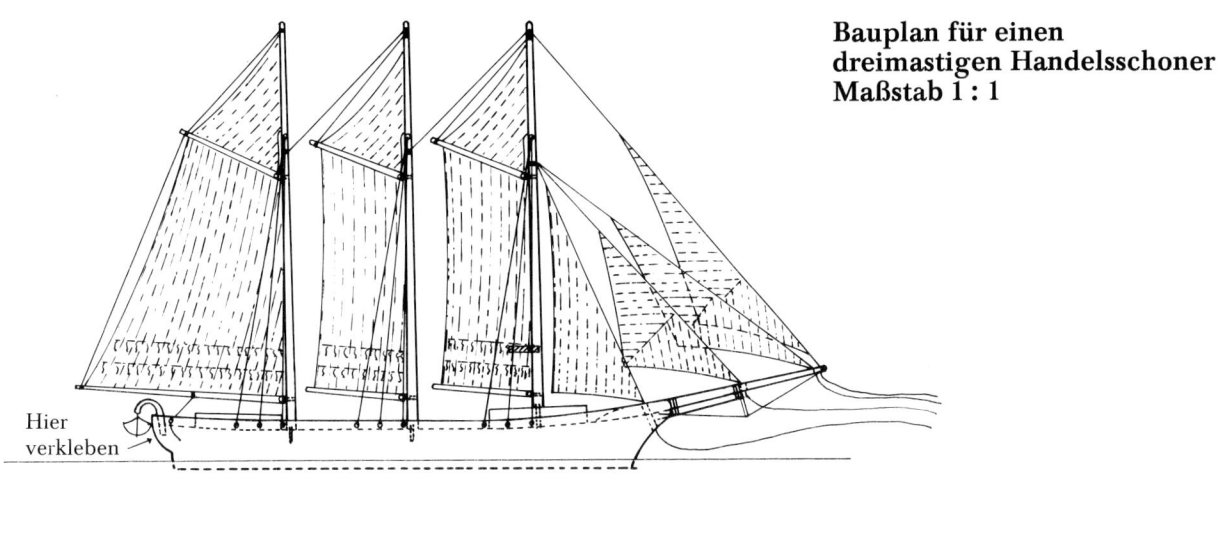

Hier
verkleben

Aus der Geschichte der Handelsschoner: Schoner von dieser Bauart
bewältigten im vergangenen Jahrhundert einen großen Teil des
Handelsverkehrs entlang der europäischen und amerikanischen
Küsten. Im Gegensatz zu den komplizierten Rahseglern konnte
man Schoner schon mit einer sehr kleinen Besatzung segeln, was
diesen Schiffstyp sehr wirtschaftlich machte. Die Anzahl der Masten variierte bei den Handelsschonern zwischen zwei und sechs;
nur ein Schoner, die *„Thomas L. Lawson",* hatte sieben Masten.
Einige Handelsschoner waren noch in den dreißiger Jahren dieses
Jahrhunderts unter Segeln, den Zweiten Weltkrieg haben sie dann
nicht mehr überdauert.

Farbgebung: Schwarzer oder naturfarbener, bei eisernen Seglern
auch dunkelgrüner Rumpf. Reling und die Spitzen der Rundhölzer
weiß verziert. Braune Deckshäuschen und Lukendeckel, weißes
Rettungsboot. Die Lampenbretter der Positionslampen (an den
Wanten des Fockmastes) sind Backbord rot und Steuerbord grün
gestrichen.

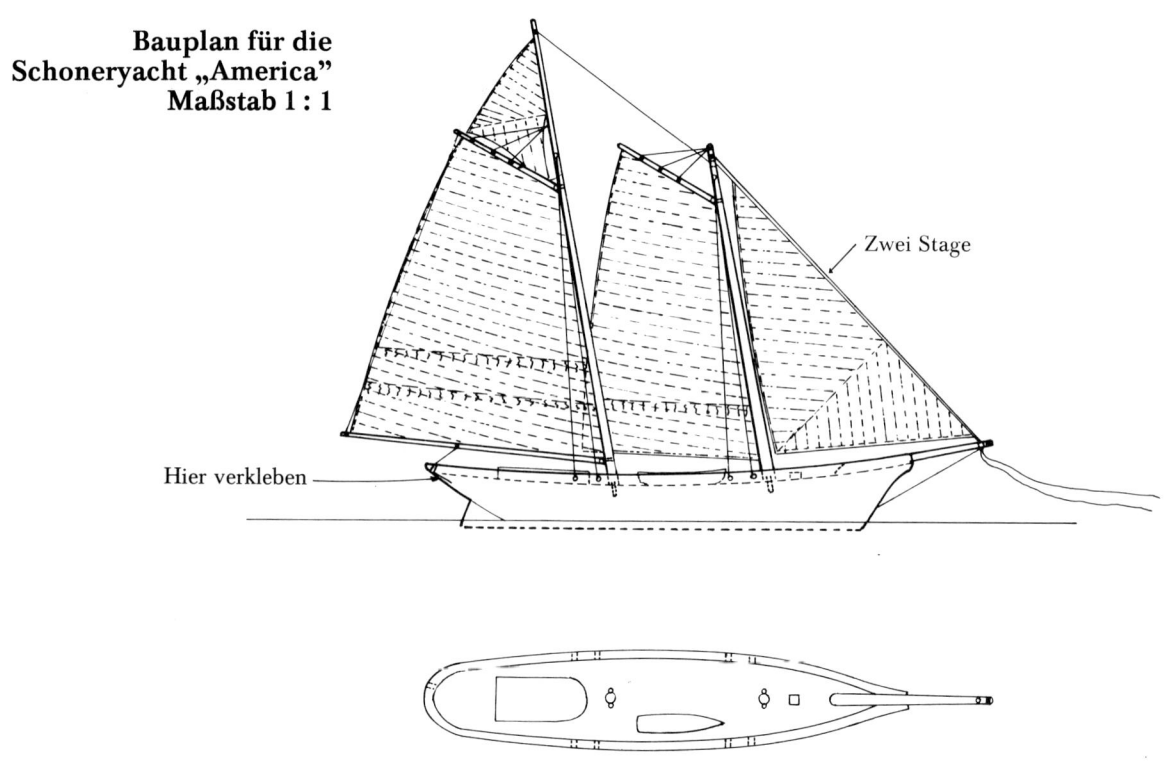

**Bauplan für die
Schoneryacht „America"
Maßstab 1 : 1**

Zwei Stage

Hier verkleben

Aus der Geschichte der Schoneryacht „America": Die „America" war eine Rennyacht, die nach den Linien der schnellsegelnden Lotsenschoner 1851 in New York gebaut wurde, um gegen 14 englische Yachten eine Regatta um die Isle of Wight zu segeln. Der Sieg in diesem Rennen brachte ihr den „America's Cup" ein, der seitdem zur begehrten Trophäe vieler weltberühmter Regatten in den Gewässern vor Newport, Rhode Island (USA) geworden ist.

Farbgebung: Schwarzer Rumpf, Reling und die Spitzen der Rundhölzer weiß verziert. Gaffeln und Baum ganz weiß gestrichen. Weiße Decksaufbauten.

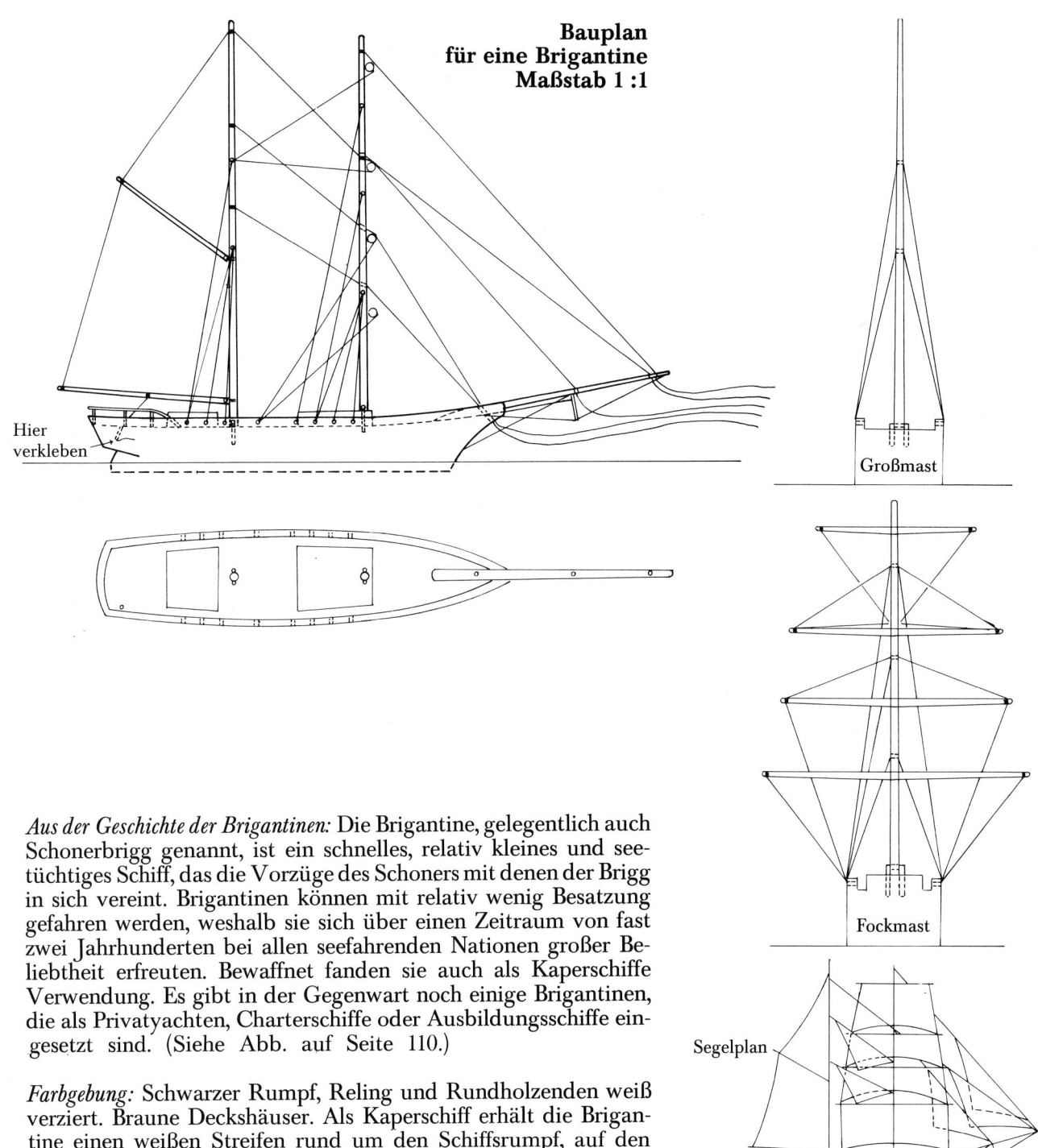

**Bauplan
für eine Brigantine
Maßstab 1 :1**

Hier
verkleben

Großmast

Fockmast

Segelplan

Aus der Geschichte der Brigantinen: Die Brigantine, gelegentlich auch Schonerbrigg genannt, ist ein schnelles, relativ kleines und seetüchtiges Schiff, das die Vorzüge des Schoners mit denen der Brigg in sich vereint. Brigantinen können mit relativ wenig Besatzung gefahren werden, weshalb sie sich über einen Zeitraum von fast zwei Jahrhunderten bei allen seefahrenden Nationen großer Beliebtheit erfreuten. Bewaffnet fanden sie auch als Kaperschiffe Verwendung. Es gibt in der Gegenwart noch einige Brigantinen, die als Privatyachten, Charterschiffe oder Ausbildungsschiffe eingesetzt sind. (Siehe Abb. auf Seite 110.)

Farbgebung: Schwarzer Rumpf, Reling und Rundholzenden weiß verziert. Braune Deckshäuser. Als Kaperschiff erhält die Brigantine einen weißen Streifen rund um den Schiffsrumpf, auf den jeweils acht schwarze Stückpforten aufgemalt werden.

101

Bauplan für
einen Baltimore-Klipper
Maßstab 1 : 1

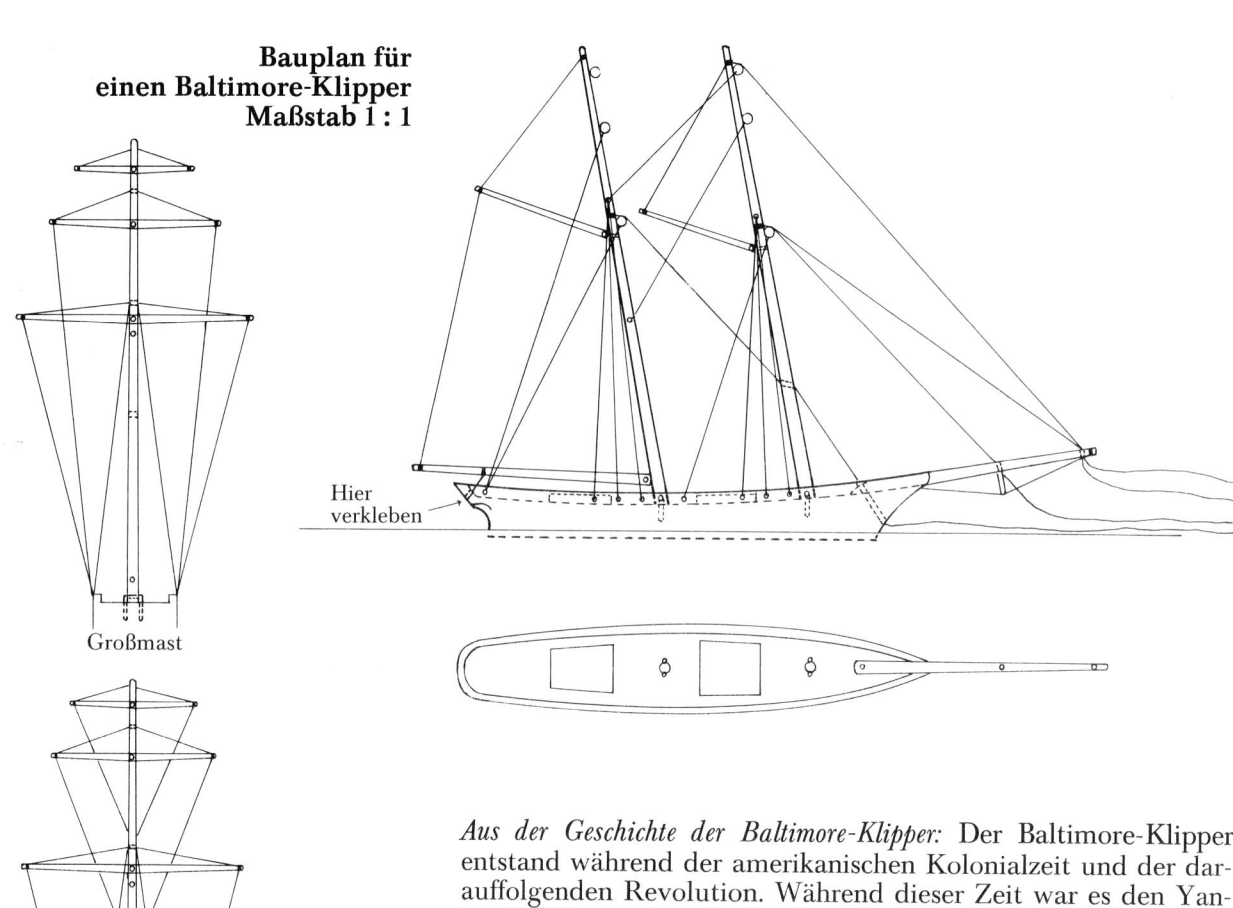

Hier
verkleben

Großmast

Fockmast

Segelplan

Aus der Geschichte der Baltimore-Klipper: Der Baltimore-Klipper entstand während der amerikanischen Kolonialzeit und der darauffolgenden Revolution. Während dieser Zeit war es den Yankee-Schiffen nicht erlaubt, die meisten ausländischen Handelshäfen anzulaufen, und sie fielen häufig europäischen Kriegs- und Kaperschiffen in die Hände. Um sich unter solchen Bedingungen überhaupt am Welthandel beteiligen zu können, wurden viele amerikanische Seefahrer zu Schmugglern, die sich vor allem auf die Geschwindigkeit ihrer Schiffe verlassen mußten, um nicht aufgebracht zu werden. Die Schiffbauer der Chesapeake Bay entwarfen daher ein Schiff, das unter dem Namen Baltimore-Klipper bekannt werden sollte – ein Marssegelschoner mit großer Segelfläche und einem scharfen, tiefgehenden Rumpf, mit dem dieses Schiff höher am Wind segeln konnte als alle seine Verfolger. Ihre Schnelligkeit machte diese Schiffe umgekehrt auch zu ausgezeichneten Kaperschiffen, und sie spielten für die Seegeltung des befreiten Amerika eine wichtige Rolle. In den darauffolgenden Friedenszeiten zog man jedoch wieder Schiffe vor, die im Verhältnis zu ihrer Länge mehr Ladung fassen konnten.

Farbgebung: Dunkelbrauner Rumpf, weiße Reling, dunkelbraune Decksaufbauten.

**Bauplan für Kriegsschiff
„Constitution"
Maßstab 1 :1**

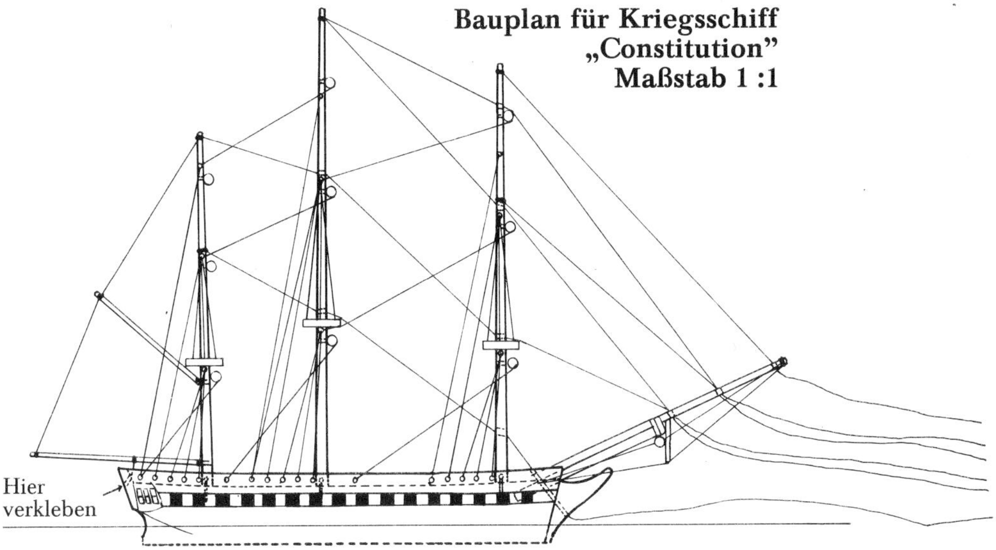

Hier
verkleben

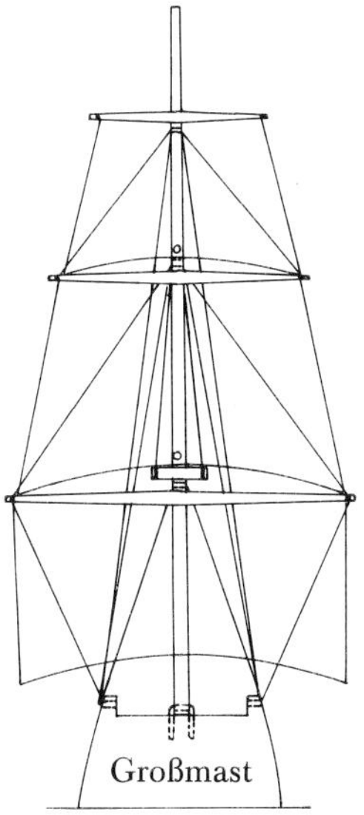

Großmast

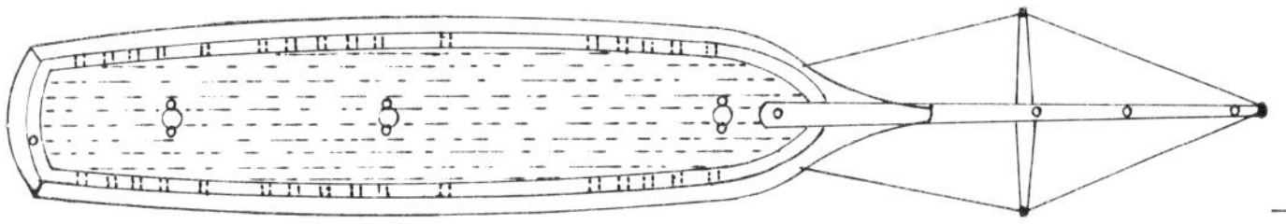

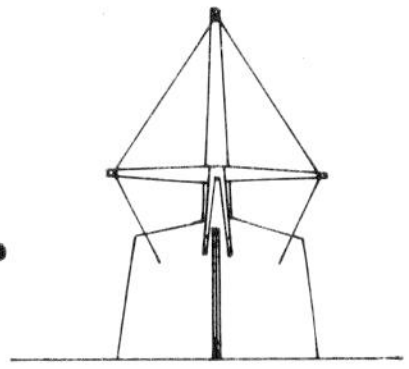

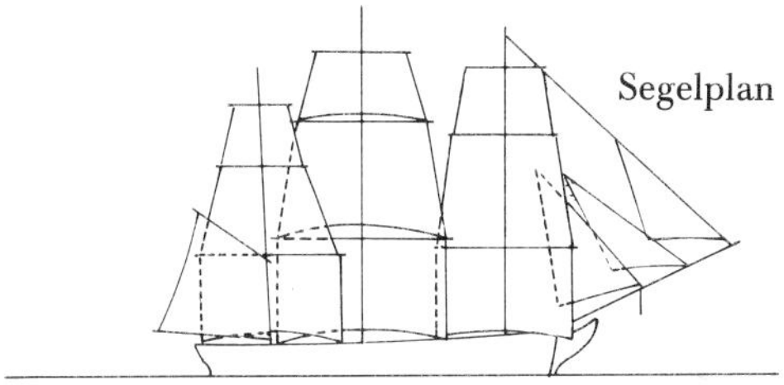

Segelplan

Aus der Geschichte der „Constitution": Dieses Schiff gehörte zu einer
Flotte schneller Kriegsschiffe von graziösem Aussehen und großer
Segelfläche, deren Aufgabe es war, die Handelsschiffe der USA vor
Plünderungen durch Freibeuter zu schützen. Diese Schiffe waren
als Vollschiff getakelt und kräftig gebaut; man bezeichnete sie
damals als Fregatten. Sie führten mindestens 24 und höchstens
50 Kanonen. Die „Constitution" wurde 1797 vom Stapel gelassen
und hat den Vereinigten Staaten 84 Jahre hindurch als aktives
Kriegsschiff gedient. Sie ist heute im Marinehafen von Boston (USA)
zu besichtigen.

Farbgebung: Schwarzer Rumpf mit umlaufenden weißen Streifen,
16 schwarze Stückpforten in gleichmäßigen Abständen voneinander.

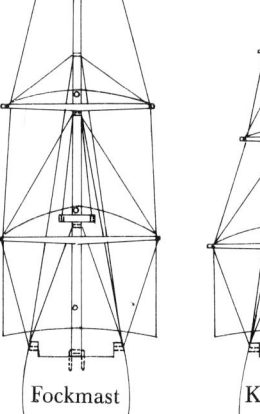

Fockmast

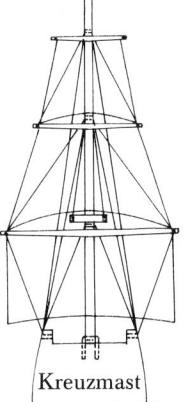

Kreuzmast

103

Bauplan für eine Galeone
Maßstab 1 : 1

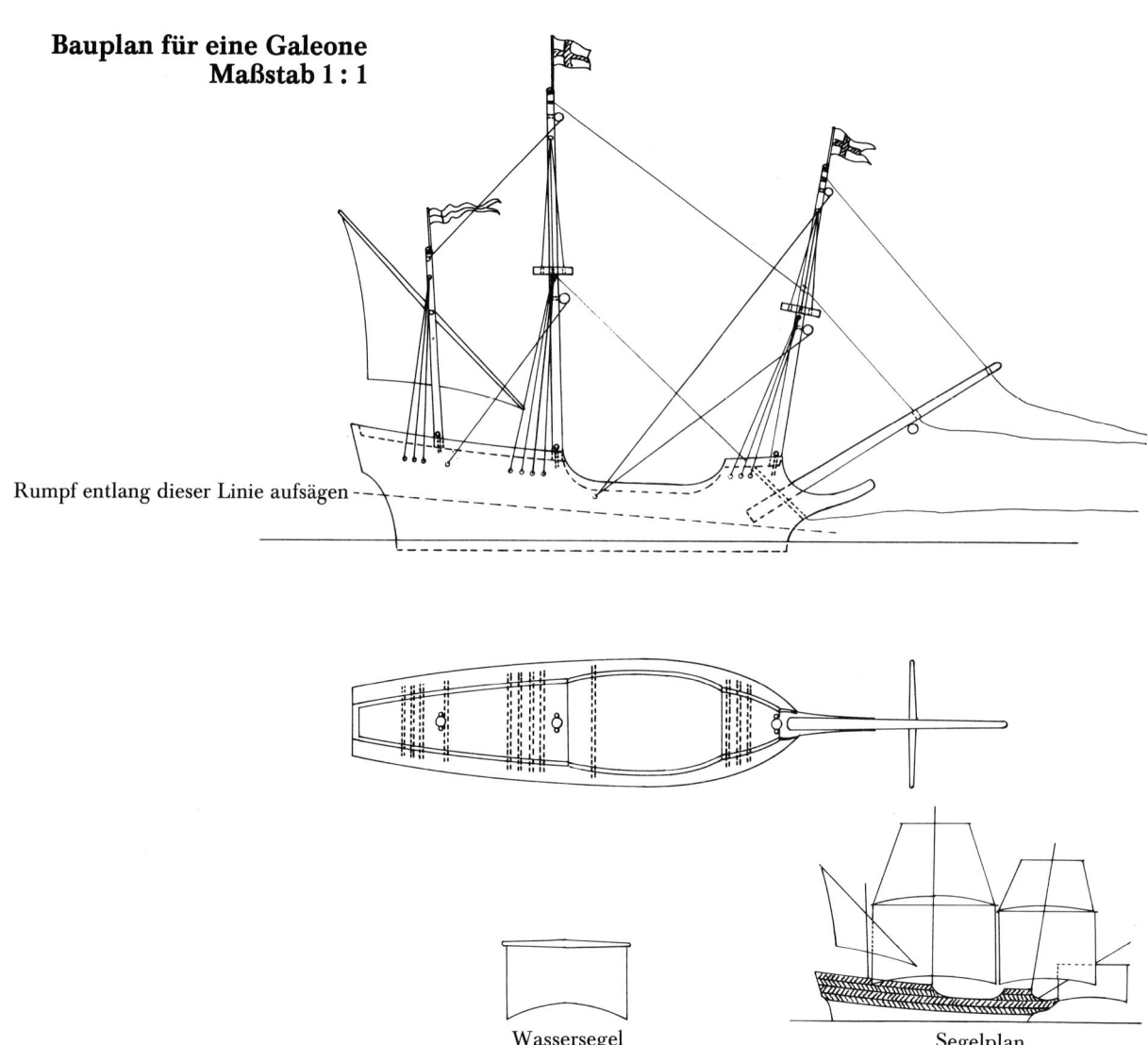

Rumpf entlang dieser Linie aufsägen

Wassersegel

Segelplan

Aus der Geschichte der Galeonen: Die Galeone hat sich aus der Karracke entwickelt, einem schwerfälligen, mittelalterlichen Schiffstyp. Die Galeone unterschied sich von der Karracke durch ein niedrigeres Vorderkastell und durch ihren auffälligen Schnabelbug. Auch waren die Galeonen schlanker; sie waren etwa dreimal so lang, als sie breit waren. Sie waren Mitte des 16. Jahrhunderts bei den seefahrenden Nationen sehr verbreitet und blieben für 150 Jahre mit die wichtigsten Handelssegler.

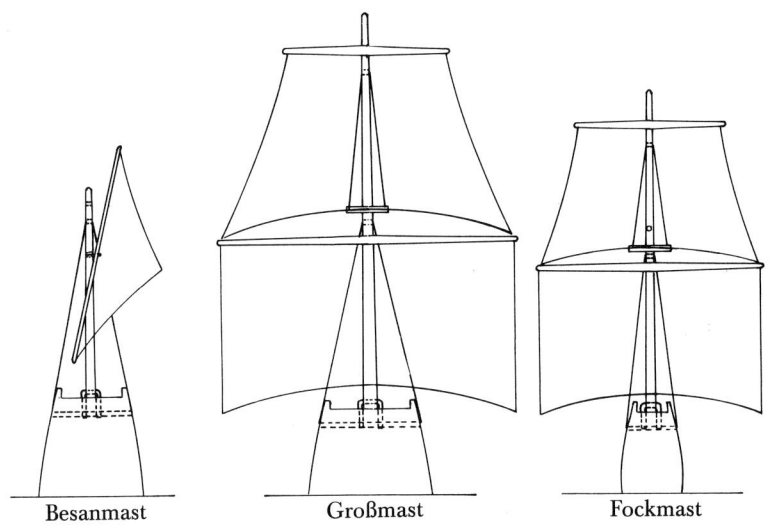

Besanmast   Großmast   Fockmast

Farbgebung: Auf zeitgenössischen Gemälden wurden diese Schiffe meist sehr bunt dekoriert wiedergegeben; hauptsächlich die erhöhten Teile des Rumpfes waren mit verschiedenfarbigen Streifen bemalt, wie es auf dem nebenstehenden Segelplan mit Strichen angedeutet ist. Die Farbgebung wurde oft durch die Familienfarben bestimmt oder zeigte die Stellung des Eigentümers an. Kriegsschiffe trugen die Farben des Landes oder die Familienfarben des jeweiligen Königs.

Abweichungen beim Bau: Wegen seines hohen Achterkastells paßt der Rumpf nicht durch einen normalen Flaschenhals. Man schneidet ihn daher direkt nach seiner Fertigstellung entlang der gestrichelten Linie in zwei Teile, die man für die folgenden Arbeiten von unten her mit feinen Nägeln wieder miteinander verbindet. Vorm „Stapellauf" trennt man die Hälften wieder und klebt das untere Stück ins Kittbett; nach dem Aushärten wird das Oberteil entsprechend darauf befestigt. – Besonders beim Fockmast empfiehlt es sich hier, die Wantenlöcher quer durch den ganzen Rumpf zu bohren, damit der Winkel der Wanten zum Mast nicht zu klein wird.

Obwohl man schon mit relativ wenig Kenntnissen von Schiffen und Schiffahrt schöne Modelle bauen kann, so ist es besonders beim Zeichnen und Bauen nach eigenen Entwürfen aber sehr von Vorteil, wenn man möglichst viel über sein jeweiliges Modell weiß. Man sollte es auf Abbildungen, als großes Modell oder in natura gesehen haben, wenn es das Schiff noch gibt, und es ist gut, wenn man verwandte Schiffstypen kennt und die Unterschiede weiß. Will man Dschunken oder andere exotische Schiffstypen im Modell bauen, so ist das gar nicht einfach, möchte man aber, was sich ohnehin anbietet, lokale Schiffstypen nahegelegener Küsten bauen, so empfiehlt sich neben der Beschaffung geeigneter Literatur vor allem der Besuch von Schiffahrtsmuseen. In Bibliotheken findet man oft sehr gute Veröffentlichungen älteren Datums, und auch über den Buchhandel kann man an Informationen herankommen, die für den Buddelschiffbau gut zu verwerten sind. Neben den Museen, die schon in der Einführung aufgezählt wurden, gibt es in Deutschland noch eine Menge anderer Schiffahrtsmuseen mit Modellen und Abbildungen, die auf jeden Fall einen Besuch lohnen. Die größte Sammlung von Modellen und Abbildungen der typischen norddeutschen Gebrauchssegler hat das Altonaer Museum in Hamburg, dessen Veröffentlichungen noch viele zusätzliche Informationen enthalten. Modelle hat auch das Verkehrsmuseum Berlin, und weitab von der Küste sind im Deutschen Museum in München manche guten Modelle und ein Seefischer-Ewer von 1880 im Original zu bestaunen. Schiffahrtsmuseen gibt es außerdem in Wilhelmshaven und in Westhauderfehn (Ostfriesland), Sammlungen haben auch das Landesmuseum Oldenburg und die Heimatmuseen in Vegesack, Leer, Heiligenhafen, Burg auf Fehmarn und das Museum in Lübeck.

Beim Zeichnen seiner Entwürfe ist man in den meisten Fällen aber an irgendeine gedruckte Vorlage gebunden. Eine ganze Menge illustrativer Zeichnungen und

Fotos sind als direkte Vorlagen allein deshalb unbrauchbar, weil sie das Schiff aus Perspektiven zeigen, die keine Rückschlüsse auf wichtige Größenverhältnisse zulassen. Trotzdem können solche Abbildungen von großem Wert sein, weil sie besser als ein schematischer Segelplan auf Details eingehen und mehr über das wirkliche Erscheinungsbild des betreffenden Schiffes aussagen. Nur wenige Winkelansichten sind als Bauvorlagen brauchbar, und sie sind es auch nur dann, wenn man genug über das vorliegende Schiff weiß, um die nicht dargestellten oder verzerrt abgebildeten Gegenstände und Linien aus freier Hand zeichnen zu können.

Den Schluß dieses Buches bilden einige Abbildungen, die als Vorlagen verwendbar sind; manche von ihnen sind Veröffentlichungen entnommen, die für den Modellbauer von Interesse sein können. Damit sind zugleich die verschiedenen möglichen Abbildungen aufgeführt, die als Vorlagen grundsätzlich in Betracht kommen: rein technische Schiffszeichnungen, Risse genannt, wie sie im Schiffbau verwendet werden, dazu die Segelpläne, nach denen der Segelmacher arbeitet. Dann erklärende und illustrative Zeichnungen, die genau nach dem Original gemacht wurden, außerdem Zeichnungen nach Modellen und schließlich Fotografien.

Hat man es gelernt, solche Abbildungen beim Zeichnen seiner eigenen Entwürfe zu verwenden, so ist für den erfolgreichen Modellbauer die letzte Schranke gefallen, und vor ihm liegt ein weites Feld. Die Unterweisungen in der Kunst des Flaschenschiffbaus enden mit dem Wunsch „Mast- und Schotbruch" für die weiteren Bemühungen des Lesers, diese eigenwillige Kunst nicht aussterben zu lassen.

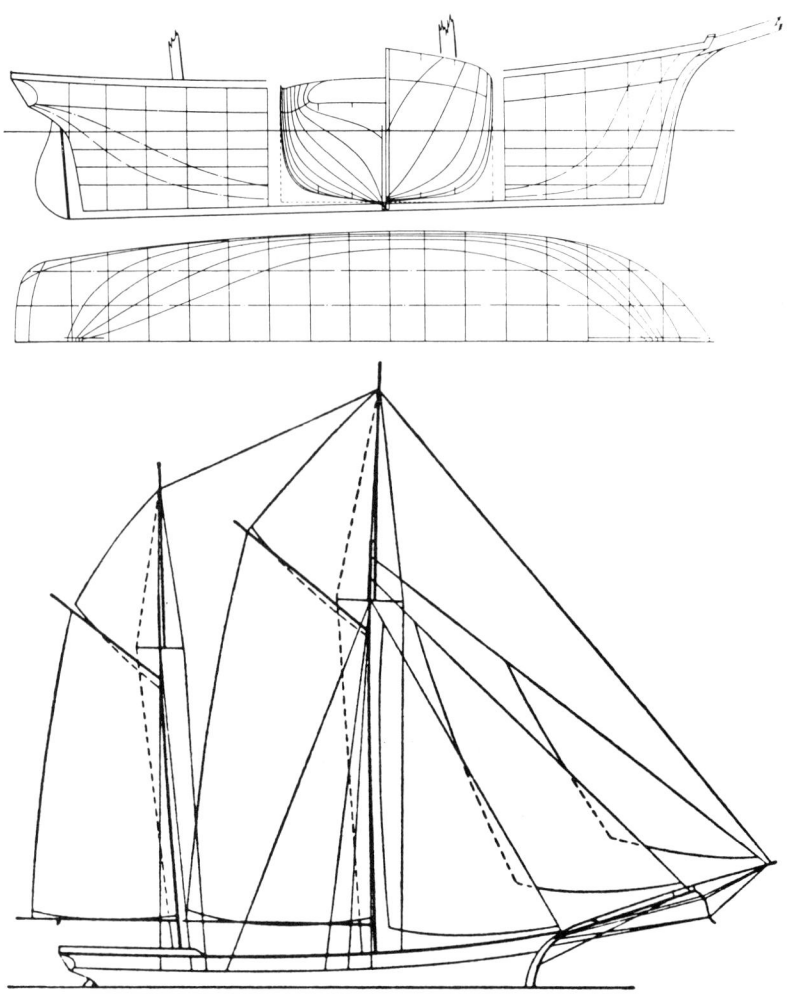

**Risse und Segelplan
der Galeasse „Karl und Marie", 1884**

Risse sind die Bauzeichnungen der Schiffbauer. Alle gekrümmten Linien (außer Umrißlinien) entstehen, wenn man das Schiffsmodell, das zuerst angefertigt wird, entlang der geraden Linien in Scheiben schneidet und die Umrißlinien der „Scheiben" in die Zeichnung einträgt. Aus diesen Linien lassen sich umgekehrt alle Linien des zu bauenden Schiffskörpers entnehmen. – Galeassen waren zweimastige Lastfahrzeuge, die mit zwei bis drei Mann Besatzung segelten; auf der Ostsee fand man sie bis in die jüngste Zeit hinein.
Entnommen aus Hans Szymanski, „Deutsche Segelschiffe", Verlag Chronik der Seefahrt.

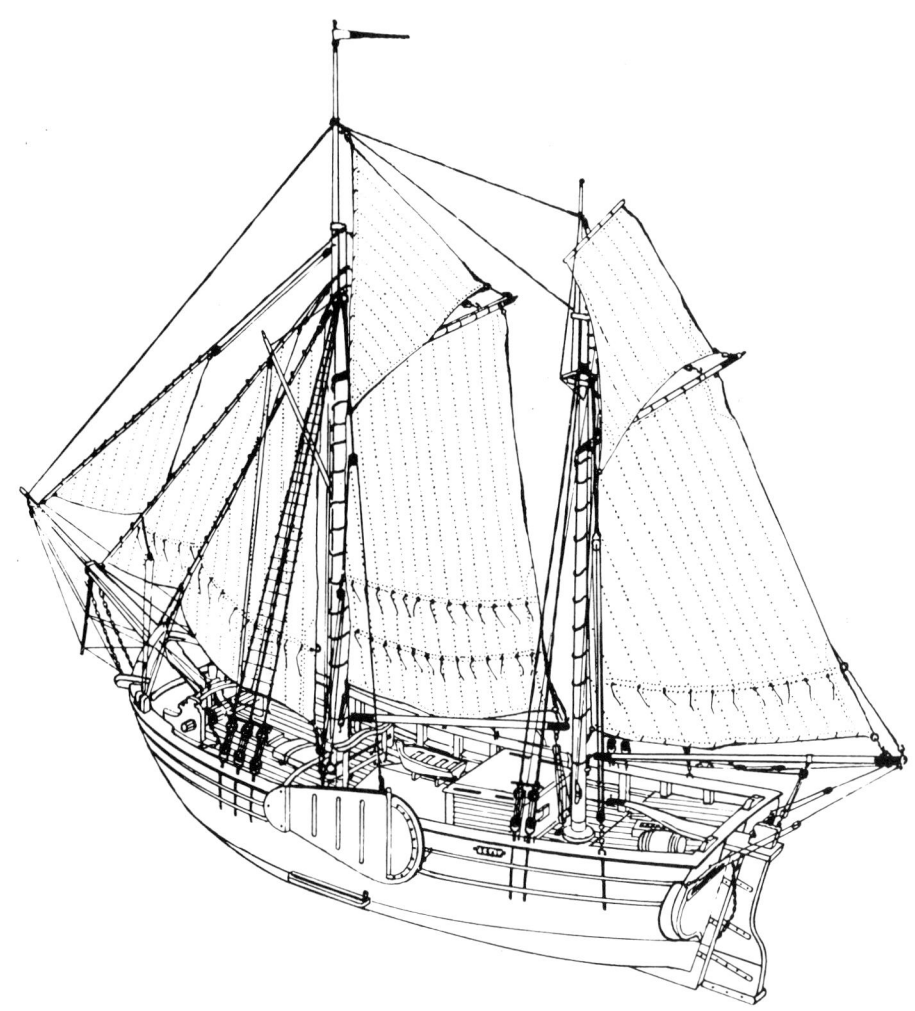

Federzeichnung nach dem Modell des Ewers „Activ", 1854

Diese bis ins kleinste Detail getreue Wiedergabe des kleinen
Handelsseglers zeigt schon mehr, als im Modell wiedergegeben
werden kann. Es handelt sich hier zwar um eine Winkelansicht,
aber es ist ohne allzu große Schwierigkeiten möglich, alle wichtigen Maße rechnerisch und zeichnerisch zu ermitteln. Im Gegensatz zu einem Linienriß gibt diese Zeichnung besonders gut das
Erscheinungsbild des Schiffes wieder. – Der Ewer war über viele
Jahrhunderte der beherrschende Gebrauchssegler im Elbegebiet
und bis nach dem ersten Weltkrieg über alle deutschen Küsten
verbreitet.
*Entnommen aus der Broschüre „Schiffbauhandwerk" des Altonaer Mu-
seums in Hamburg.*

**Seitenansicht und Segelplan
einer Brigg (19. Jahrhundert)**

Dieser erklärenden Zeichnung liegt ein Segelplan zugrunde, nach
dem ehemals die Segelmacher arbeiteten. Zeichnungen wie diese
sind für den Modellbau natürlich ideal, weil hier die Länge des
Schiffsrumpfes und alle Maße des Riggs aus einer Zeichnung ab-
gelesen werden können. Schwieriger ist schon das Fehlen der
Decksansicht; man muß nach Anhaltswerten suchen. Aber schon
solche Angaben würden genügen: Verhältnis Breite zu Länge 1 : 4,
Schiffsenden sehr völlig, Schiffsrumpf mittschiffs wenig gekrümmt.
*Entnommen aus „ Seefahrt - Nautisches Lexikon in Bildern", Verlag Delius,
Klasing + Co, Bielefeld.*

**Brigantine „Black Pearl",
1951 in den USA gebaut**

Dieses Foto von der Windjammerparade in der Kieler Bucht 1972
zeigt den kleinen Rahsegler genau von der Seite; alle Segel stehen
annähernd in Längsschiffsrichtung. Daher taugt ein Foto wie dieses
ebenso gut als Vorlage wie manche äußerst gewissenhaft ange-
fertigte Zeichnung. Außer der Schiffsbreite enthält dieses Foto
alle zum Modellbau wichtigen Informationen. Das Segelzeichen
TS US 33 bedeutet „Training Ship" (Schulschiff) aus den USA
mit der Nummer 33 als Regattateilnehmer.